순수한 바리오 부흥을 통하여 오늘의 부흥을 재조명하다

말레이시아에 일어난

부흥 이야기

정희찬 지음

엘맨
ELMAN
하나님의 사람을 만들어 가는

말레이시아에 일어난 **부흥 이야기**

초판 1쇄   2017년 7월 10일

지은이   정 희 찬
펴낸이   채 주 희

펴낸곳   엘맨출판사
주소   서울시 마포구 신수동 448-6
전화   02-323-4060, 팩스 02-323-6416
등록번호   제10-1562호(1985. 10. 29)
e-mail   elman1985@hanmail.net
홈페이지   www.elman.kr

잘못된 책은 바꾸어 드립니다.
무단복제를 금합니다.

ISBN 978-89-5515-607-2   (03230)

값 12,000 원

명령들이 성취되는 현장

하나님의 나라를 위하여 달려가는 선교사의 사역은 하나님의 은혜와 역사가 함께하여야 합니다. 한 사람을 부르시어 한 나라와 한 종족을 위하여 헌신케 하심은 너무나 고귀한 사역입니다. 16년 사역의 열매요, 마지막 시대에 보여 주실 주님의 은혜를 담고 있는 이 귀한 보고서는 말레이시아의 클라빗 종족을 향한 사역일 뿐 아니라 모든 말레이시아와 동남아시아의 귀한 사역의 토대가 될 것입니다.

정령숭배에 길들어져 있던 클라빗 종족은 종교적 행위를 강조하는 형식적인 기독교인들로 전락할 수 있었지만 성령의 인도하심과 역사하심을 통하여 새로운 변화와 출발을 경험하게 되었음에 감격할 따름입니다. 하나님의 나라를 시작함에는 회개의 역사가 선행되어져야 하는데 바리오 지역에서의 부흥 운동은 '회개하고 하나님의 나라의 복음을 믿으라' 말씀하셨던 예수님의 명령이 성취되는 역사를 보여준 것입니다.

그래서 그 나라를 살리기 위하여 말씀 훈련이 일어났으며, 주님의 지상명령 성취를 위하여 계속된 복음 전도의 역사가 이루어졌습니다. 예수님께서 제자들을 보내실 때 말씀하여 주신 마가복음 3장 13-15절, 6장 7-13절 그 명령들이 성취되는 현장임을 보게 됩니다.

"내면의 변화가 생기면 외면의 변화가 생기는 것은 자연스러운 것이다. 주님의 역사가 내면에 일어났으니 삶과 사회에 변화가 일어나는 것 또한 지극히 정상적이다."(p.87)

이런 역사가 말레이시아를 넘어 동남아시아 나아가 전 세계의 선교 역사에 불일 듯 일어나기를 소원합니다. 그리하여 주님의 재림이 앞당겨지는 밑거름이 되어지기를 기대합니다. 아멘. 주 예수여 어서 오시옵소서.

2017년 5월

김찬곤(목사, 총회세계선교회GMS 이사장)

성령의 부흥이 계속 이어지길

주님의 지상명령을 자신의 사명으로 여기고 지난 16년 동안 말레이시아 선교에 헌신한 정희찬 선교사님에게 하나님의 은혜와 위로와 평강이 함께하시기를 소망합니다.

영혼 구원과 부흥의 뜨거운 열정을 가지고 사역을 감당하는 가운데 선교지 말레이시아 바리오에 초대 교회를 이어 유럽과 미국, 아시아와 한국에 붙었던 동일한 성령님의 부흥의 역사가 일어난 것을 우리 한국 교회에 소개해 주는 것은 매우 고무적인 일이라고 여겨집니다.

독자들은 이 책을 읽으면서 성령님이 주시는 부흥은 어느 한 지역이나 민족에게 국한되지 않음을 깨닫게 될 것입니다. 선교의 불모지와 같은 이슬람권 지역에서 주시는 하나님의 부흥의 역사를 보며, 인간의 어떤 불가능한 조건도 뛰어넘는 하나님의 전능하심을 발견할 것입니다. 또한 부흥이 단지 과거의 사건이 아니라, 부흥을 간절히 사모하는 주의 백성들이 지금도 경험할 수 있는 역사임을 알게 될 것입니다. 이 책이 종교개혁 500주년을 맞이하는 뜻깊은 해에, 평양 대부흥을 기억하며 제2의 부흥을 꿈꾸는 우리 한국 교회의 목회자들과 성도들에게 강력하게 추천합니다.

일편단심으로 나실인처럼 헌신하시는 정희찬 선교사님의 사역을 통해 말레이시아에 성령의 부흥이 계속 이어지기를 기도드립니다.

2017년 5월

이건영 (담임목사, 인천제2교회)

희망의 메시지

필자는 이 책에서 세계 이슬람의 중심부인 말레이시아에서 일어났던 부흥을 취급하고 있다. 말레이시아 사라왁 주는 정령숭배가 강한 지역이라 기독교로 개종하는 일은 전혀 상상할 수 없는 일이었다. 그러나 성령의 역사를 체험한 선교사들의 복음 증거로 사라왁 지역은 40%, 그 중에서도 클라빗 종족은 99%가 크리스천이 되었다.

이것으로 끝나는 것이 아니라, 복음을 받아 드린 후 기독교의 정체성을 확립하였고, 사회와 교회를 분리하지 아니하였고, 정치, 경제, 교육, 문화 등 여러 방면에 기독교 정신을 심고, 사회를 변화시켜 수많은 기적들을 창출하여 장관, 교육가, 과학자, 목사 등 많은 크리스천들을 세웠다.

그러나 한 때에 일어났던 부흥도 전통과 형식으로 남아 있을 때는 여전히 기독교는 힘이 없고, 시대를 바꾸지 못한다는 사실도 필자는 설명하고 있다.

오늘날 이 시대의 기독교가 정체와 쇠퇴의 시기에 서 있다. 또 일반적으로 수많은 전통과 형식에 매여 있어 자신과 교회, 그리고 사회를 변화시키지 못하고 있다. 그러나 한 때 평양에 일어났던 부흥, 70년대 초에 일어났던 복음주의 부흥 체험이 현대의 크리스천들 속에 성령의 바람이 불고, 하나님의 통치가 일어나고, 말씀과 기도로 무장된다면 얼마든지 회복할 수 있다는 희망의 메시지를 보내고 있다.

세계 곳곳에 흩어져서 선교 사명을 감당하는 선교사이든, 국내와 해외에서 목회자로 사명을 감당하고 있든, 각 기독교 기관에서 사역자로 일을 하든, 교회를 돌보는 장로나 권사 혹은 집사든 이 시대 개인과 교회와 사회에 새로운 부흥을 꿈꾸는 이들이라면 읽어야 할 필독으로 여겨진다.

2017년 5월

석정문(목사, 전 미국 남침례회 국내선교회 교회 전략가, 현 GO Thrive Coaching 국제 대표, 현 미국 남침례회 미드웨스턴 침례신학대학원 목회학 박사과정 코칭 객원교수)

부흥에 관심이 있는 분들에게

이 책은 1973년에 말레이시아 사라왁 주에 위치한 클라빗 소수 종족에 일어난 부흥 이야기입니다. 바리오 지역에 일어난 부흥을 체계적으로 리서치하여 짧게 독자들에게 소개하고 있습니다. 이 책을 통하여 부흥을 사모하는 마음을 가져 한국과 세계 교회에 하나님의 부흥을 위해 기도하여 놀라운 부흥을 경험하는 하나님의 은혜가 있기를 바랍니다. 부흥에 관심이 있는 모든 분들에게 이 책을 추천합니다.

2017년 5월

이규왕(담임목사, 수원제일교회)

차례

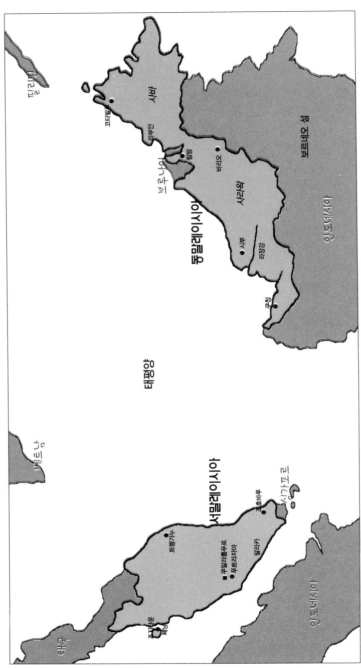

동남아시아는 동북아시아, 남부아시아와 더불어서 아시아를 구성하는 큰 지역의 하나.

영적 부흥의 흐름

> 부흥이란? 어떤 교회가 일반적으로 영적인 침체에
> 빠져 있을 때 하나님께서 성령을 부어 주심으로써
> 하나님의 백성을 정상적인 영적 생활로 다시 회복
> 시켜 주는 것이다.   _ 조나단 에드워드

　말레이시아 사라왁 주의 해발 일천 미터 이상 높이에 위치한
곳에 클라빗 종족이 살고 있다. 약 6,000명의 인구가 살고 있는
소수 종족 중에 아주 적은 종족 중의 하나이다. 1940년 중반에
기독교로 종족 개종이 이루어짐으로 그들이 따르던 정령숭배와
애니미즘, 온갖 저주와 주문, 악한 영 등으로부터 벗어났다. 극
적인 사회 변화가 그 종족의 전반적인 사회 곧 교육, 정치, 경
제, 문화 등에서 일어났다.

　1946년 처음으로 초등학교가 그 종족 가운데 세워졌다. 현재
는 대략 90%의 인구가 문맹률에서 벗어났으며 10% 이상이 전
문대졸 이상이며 또한 다수가 학위(학사, 석사, 박사)를 소유하고

있다. 이들 중에는 말레이시아 사회의 주요한 지도자들, 예를 들면, 장관, 대기업 대표, 판사, 변호사, 국립대 교수, 교사, 다수의 공무원 등이 배출되어 사회에 공헌하고 있다. 또한 기독교 영역에서도 바리오 지역의 부흥을 기점으로 말레이시아에 새로운 영적 부흥의 흐름이 일어나기 시작했다.

클라빗 종족의 중심 거주 지역인 바리오Bario는 세계통신위성협회World Teleport Association에 의하여 2001년에 미국 미주리 주의 네바다와 뉴욕 주의 신뉴욕, 싱가포르, 영국의 선더랜드 등과 더불어 제7대 지적인 도시intellectual city 중의 하나로 선정될 정도로 문명화가 되었다.

이렇게 바리오 지역이 변화된 가장 큰 이유는 1973년에 하나님의 부흥이 일어났기 때문이다.

부흥이란?

부흥Revival은 다시 돌아가는 것을 의미한다.

하나님의 부흥은 어디로 다시 돌아가야 하는가?

1) 초대 교회로 돌아가는 것이다.

2) 예수님의 통치로 돌아가는 것이다.

3) 하나님 중심으로 돌아가는 것이다.

하나님의 약속에 따라 오순절에 성령이 강림하면서 제자들이 변화되고, 사람들이 변화되고, 사회가 변화되는 성령의 역사가 강하게 일어났다. 오늘날 교회와 세상도 초대 교회에 일어난 것처럼 하나님의 부흥을 경험함으로 새롭게 변화되어야 한다. 사람과 세상 중심으로 통치되는 시대에서 예수님이 중심이 되어 통치하는 시대로 돌아가야 한다. 개인 중심의 삶에서 하나님 중심의 삶으로 돌아가야 한다.

다시 말하면, 하나님의 부흥이란?

1) 하나님의 성령으로 돌아가는 것이다.
2) 하나님의 능력으로 돌아가는 것이다.
3) 하나님의 교회로 돌아가는 것이다.
4) 하나님의 백성으로 돌아가는 것이다.
5) 하나님의 말씀으로 돌아가는 것이다.
6) 하나님의 사명으로 돌아가는 것이다.
7) 하나님의 나라로 돌아가는 것이다.

인위적으로 부흥이 일어나게 할 수가 있는가?

성도의 기도와 헌신으로 부흥이 일어나게 할 수 있는가? 아니면 하나님의 절대주권에 속한 것인가? 하나님의 부흥은 사람이 어떻게 할 수가 없다. 왜냐하면 하나님이 특정한 시기에, 특정한 사람을 통하여, 특정한 일을 이루시기 때문이다.

그렇다면 성도는 아무것도 할 필요가 없는 것인가? 그것도 아니다. 왜냐하면 하나님은 우리의 기도를 들으시고, 우리의 마음을 보시기 때문이다. 부흥을 전적으로 하나님께 맡기면서 동시에 부흥을 위해 무엇인가를 해야 한다. 부흥을 사모하며, 부흥을 위해 기도하며, 부흥을 배우며, 부흥을 추구해야 한다.

부흥과 선교

하나님이 세상을 변화시키는 방법은 각 개인의 변화를 통하여 가정과 교회, 지역을 변화시켜 국가와 열방을 변화시키는 것이다. 하나님이 아브라함을 보면서 이스라엘과 열방을 보신 것처럼 우리 각 개인을 통해서 하나님은 우리의 가정과 교회, 국가, 나아가 열방까지 보고 계신다. 그러므로 선교는 모든 성도, 모든 교회에 주어진 사명이다.

그러면 어떻게 선교할 것인가?

각 개인과 교회에 하나님의 말씀과 성령의 역사로 영적 갱신이 일어나 주변 사회에 영향력을 끼치는 부흥이 일어나야 한다. 이것이 곧 하나님이 원하시는 선교의 방법이다.

이 책은 5 Part로 구성되어 있다.

Part 1은 하나님이 필자를 선교사로 어떻게 부르셨고, 어떻게 말레이시아에서 선교를 감당하게 하셨는지 그리고 바리오 부흥을 어떻게 알게 되었는지를 소개한다.

Part 2는 하나님이 말레이시아에 어떻게 복음을 전파하셨고, 심지어 동말레이시아 사라왁 주와 바리오 지역까지 어떻게 복음이 전파되었는지 살펴본다.

Part 3은 하나님이 어떻게 바리오에 부흥을 시작하셨고, 또한 부흥을 어떻게 이끌어 가시고 어떤 결실을 맺었는지 그리고 부흥 이후 어떤 변화가 있었는지를 알아본다.

Part 4는 부흥을 경험한 바리오 사람들의 세계관이 어떤 변화가 일어났는지 특히 하나님과 사람, 사회에 관한 세계관을 중점으로 살펴본다.

Part 5는 바리오 지역의 사회 변화를 일으킨 요인이 무엇이며, 또한 어떤 영역에서 사회 변화가 일어났는지 조명해 본다.

복음과 사회의 관계에서 사회를 세 가지로 구분이 가능하다.

첫째, 복음이 전해지기 전의 사회 모습이다.
둘째, 복음을 받아들였지만 아직까지 내면의 변화가 일어나
　　　지 않은 사회 모습이다.

셋째, 복음이 내면의 세계까지 영향력을 끼쳐서 새롭게 변화
된 사회의 모습이라고 볼 수 있다.

바리오 지역은 첫째와 둘째 단계를 거쳐서 세 번째 사회, 곧
복음으로 내면까지 변화되어 사회 변화를 일으킨 경우에 포함
된다. 그래서 바리오 부흥을 통하여 복음의 능력이 어떻게 사회
를 변화시키는지 이해할 수 있는 기회가 되리라 본다. 그런데
불행하게도 셋째 단계에서 다시 둘째와 첫째 단계로 되돌아가
기도 한다. 복음의 능력을 상실하게 되면 전통으로 빠지고, 전
통화가 되다 보면 복음에 대한 부정이 일어나 복음이 전하기 이
전의 사회로 회귀하게 되는 것이다. 그래서 하나님의 부흥은 모
든 사회에 반드시 지속적으로 일어나야 한다. 감사한 것은 지금
도 하나님은 부흥을 통하여 세계 선교를 이루어 가고 계신다는
것이다.

> 오직 성령이 너희에게 임하시면 너희가 권능을 받고 예루
> 살렘과 온 유대와 사마리아와 땅 끝까지 이르러 내 증인이
> 되리라 하시니라. 행 1:8

오순절에 주님의 영, 곧 부흥의 영이신 성령이 임하신 이후에
급하고 강한 바람처럼 불어 수많은 부흥이 일어나게 하셨다. 하

나님은 지금도 부흥을 멈추지 않으신다. 하나님은 세계 선교를 이루시기 위해 지금도 부흥을 이끄시고 계신다.

오순절에 성령이 임하심으로 수많은 부흥이 일어나고 있다.

1) 사도들을 통해서 온 초대 교회 부흥(베드로, 요한, 바울 등),

2) 믿음의 사람들을 통해서 로마와 유럽에 온 부흥(츠빙글리, 루터, 칼빈, 웨슬리, 휘트필드 등),

3) 미국에 온 부흥(에드워즈, 피니, 무디 등)

4) 아시아와 아프리카에 온 부흥,

5) 평양을 시작으로 한국에 온 부흥,

6) 인도네시아에 온 부흥,

7) 말레이시아에 온 부흥 등 셀 수 없을 정도로 수많은 부흥이 지속적으로 일어나고 있다.

그렇지만 사도행전 1장 8절에 나타난 오순절 성령의 임재 이전부터 하나님은 인류의 범죄 이후 끝임없이 열방을 당신에게로 돌아오게 하시는 구원의 역사를 이루고 계신다. 이것이 바로 하나님의 은혜의 경륜이며 그리스도의 비밀인 것이다^{엡 4:2-4}.

성경과 교회사에 나타난 부흥의 특징은 무엇인가?

부흥의 가장 큰 특징은 하나님께로 돌아가는 것이다. 하나님께로 돌아가는 방법에는 세 가지가 있다.

첫째, 하나님의 말씀으로 돌아가는 부흥이다. 곧 진리의 부흥이다. 영원한 진리를 찾고, 하나님의 말씀을 이해해서 하나님의 뜻으로 돌아가는 것이다.

둘째, 하나님의 거룩한 성령으로 돌아가는 것이다. 성령 세례와 성령 충만을 받고, 성령의 인도하심을 받으며, 성령의 쓰임을 받는 성령의 사람이 되는 것이다.

셋째, 하나님의 통치로 돌아가는 것이다. 하나님의 나라를 이 땅에 임하게 하며, 하나님이 개인과 가정, 사회, 국가, 열방까지 통치하도록 하는 것이다.

필자의 의도

이 책에서 필자가 소개하고자 하는 부흥은 말레이시아 사라왁 산꼭대기 바리오Bario 라는 지역에 일어난 부흥이다. 이 부흥의 이야기를 읽으면서 우리가 사모하는 하나님의 부흥이 우리의 가정과 교회, 국가, 전 세계에 급하고 강한 바람처럼 일어나기를 바란다. 그리하여 온 땅의 모든 사람들이 영원한 진리 되신 하나님의 말씀으로, 거룩하시고 구원하시는 하나님의 성령으로, 온 땅의 주인 되신 하나님의 통치로 돌아가기를 바란다.

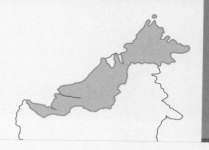

부르심

MALAYSIA

부흥은 하나님의 역사가

바로 나me로부터 시작되는 것이다.

Revival is God's finger pointing right at me.

_ *Wilbert L. McLeod*

선교사로 부르심

주여! 나를 시작으로 교회를 부흥케 하옵소서!
Lord! Revive the church – beginning with me.
_ Samuel M. Shoemaker

하나님은 작고 작은 자를 선택하시고 불러 주셨다. 시골 중에 시골, 교회도 없는 골짜기 내남 명계라는 마을에서 나(필자)를 불러 세계 선교를 감당하게 하셨다.

1965년 10월 3일, 일 년에 십여 차례 제사상을 차리는 전통적인 유교 가정에 3남 4녀 중 막내로 태어났다. 내가 어릴 때 폐결핵에 걸려 생명이 위험한 적이 있었지만, 한의를 좀 배운 이웃에 의해 치료를 받고 살아났다. 친구의 갑작스런 죽음으로 중·고등학교 때는 진리를 찾기 위해 불교에 심취되어 승이 되는 꿈을 꾸기도 하였다.

그러는 중에 부산에서 대학교를 다니다가 우연히 학원에서 만난 사람을 통하여 부산 수영로교회에 나가게 되었다. 주일에 전하시는 정필도 담임목사님의 설교는 개인적으로 너무나 귀한 말씀이었다. 그래서 주일마다 손에 성경과 찬송가는 없었지만 설교를 기록하기 위해 노트는 있었다. 목사님의 설교를 듣기 위해 교회에 나갔지만 하나님의 말씀을 듣는 것이 아니라 인생 철학을 배우는 시간이었다.

그러다가 부산 외항선교회에서 주최하는 선교수련회가 있었는데, 영어로 진행하니 같이 참석하자고 어떤 청년이 요청했다. 별 생각 없이 다만 영어에 관심이 있어서 함께 참석하였다. 수련회 마지막 날 밤 기도하는 시간에 수련회 참석한 어떤 목사님과 함께 짝기도를 하게 되었다. 그 목사님은 기도 제목을 물었다. 나는 이렇게 대답했다.

"여기에 모인 사람들은 성령을 체험했고, 하나님의 은혜를 받았다고 하는데, 저도 예수님을 만나고 싶습니다."

그 목사님이 사도신경을 읽게 하고는 기도를 시작하였는데, 그때 하나님의 놀라운 임재를 경험했다. 마지막 폐회 예배 때 수련회 기간 동안 받은 간증을 나누는 시간에 내 순서가 되어 이렇게 말했다.

"하나님이 원하시면 선교사가 되고 싶습니다."

나는 그때 하나님이 나같이 부족한 사람을 사용하시지 않으리라 생각했다. 그렇지만 받은 하나님의 은혜가 너무나 커서 그 은혜를 세상 사람들에게 나누고 싶은 표현이었다. 아무튼 그때 이후 지금까지 하나님은 30년 이상 선교의 길로 부족한 자를 이끌고 계신다. 유교 가정에서 핍박을 받았다. 부모님으로부터 쫓겨나기도 했다. 갈 곳이 없어 교회에 가서 생활하기도 했다. 그렇지만 하나님은 길을 여시고 오늘날까지 선교사의 사역을 감당케 하신 것이다.

여호수아가 나이 많아 본향으로 가기 전에 아직까지 정복해야 할 사명이 남아 있는 이스라엘 지도자들에게 마지막으로 부탁한 말씀이다.

> "오직 너희의 하나님 여호와께 가까이(친근히) 하기를 오늘까지 행한 것 같이 하라." But you are to cling to the Lord your God, just as you have done to this day.(AMP) 수 23:8

여기에서 '가까이 하다'의 히브리어 단어는 '다바크'인데 '달라붙다', '집착하다' 등의 뜻이 있다. 살이 뼈에 달라붙어 있는 것같이 하나님께 붙어 있으라는 여호수아의 명령인 것이다. 이 방법이 또한 여호수아가 전쟁터에서 승리할 수 있었던 비결이었다. 하나님 앞에 우리가 할 것은 우리가 하나님을 위해 무엇을 하는 것도 중요하지만 더 중요한 것은 하나님을 가까이 하는 것, 하나님을 꽉 붙잡고 붙어 있는 것이다. 그러면 하나님이 그의 뜻을 이루기 위해 우리를 사용하실 것이다.

우리는 종종 우리 자신을 보고 주님의 사명을 감당할 수 없다고 생각할 수 있다. 우리의 죄, 연약함, 무능력, 게으름, 가난함, 저학력, 가족 형편, 나쁜 과거, 나쁜 습관 등으로 결코 하나님이 우리 같은 사람을 사용하기를 원하지 않으신다고 생각할 수 있다. 그러나 하나님은 지금도 우리를 부르신다. 그분의 사역으로 부르신다. 복음 전파를 위해 부르신다. 그리고 세계 선교를 위해 부르신다.

> 말씀하시되 나를 따라오라(나를 네 주인과 선생으로 받아들
> 어 내가 걷는 인생의 같은 길을 걷는 나의 제자로) 내가 너희
> 를 사람을 낚는 어부가 되게 하리라 하시니 ^{마 4:19}

주님은 우리의 가정 배경, 학력 배경, 재산 배경, 과거, 건강 상태 등 어떠한 것도 물어보시지 않고 "나를 따라오라"고 말씀하신다. 우리가 우리의 능력으로 주님의 제자가 되어, 하나님의 온전한 사람이 되어, 주님의 사명을 감당하는 사람이 되어 주님을 따르는 것이 아니다. 다만 우리가 주님을 따르면 주님께서 우리를 '사람을 낚는 어부'로 만들어 주시겠다는 것이다. 주님

께서 우리를 변화시켜 주님의 제자가 되게 하시겠다는 말씀이다.

어떠한 상황이나 형편에 있다할지라도 '나를 따라오라'는 주님의 음성을 듣고 주님을 따라가서 주님이 원하시는 사람이 되기를 바란다. 하나님은 열방 가운데 하나님의 뜻을 이루어 나갈 사람을 지금도 부르고 계신다. 그 음성에 응답할 때 하나님의 부흥이 우리 가운데 일어나기 시작할 것이다.

필자의 가족. 아내 박해경 선교사와 3공주(한영, 보은, 사랑), 큰딸 한영이는 오엠국제선교회 소속으로 영국에서 사역할 때 태어났고, 둘째 딸 보은이는 부산 수영로교회에서 사역할 때 태어났고, 막내 딸 사랑이는 말레이시아에서 태어났다. (2010년)

02

말레이시아로 부르심

> 부흥은 좋은 시간을 누리는 사람에게서 행복하게
> 시작되지 않는다. 부흥은 깨어지고 회개하는 마음
> 으로부터 시작된다.
>
> Revivals do not begin happily with everyone
> having good time. They start with a broken and
> contrite heart.
>
> _ *Peterus Octavianus*

하나님은 나를 여러 나라로 보내며 사역을 감당케 하셨다. 부산 외항선교회에 자원봉사자로 한국에 입항하는 외항선에서 외국인 선원들을 대상으로 복음을 전하게 하셨다. 영국에서는 오엠선교회 지도자 학교에 소속하여 문이 닫힌 교회에서 태권도를 가르치며 복음을 전하게 하셨다. 유럽 전도여행을 통하여 헝가리, 불가리아, 터키, 그리스, 이탈리아, 벨기에 등 여러 국가에서 복음을 전하게 하셨다. 단기 선교로 중국, 필리핀, 브라질, 태국, 싱가포르, 인도네시아, 말레이시아 등에서 여러 모양으로 선교 사역을 감당하게 하셨다.

나의 선교 국가는 어디입니까?

나는 가는 국가마다 하나님이 그곳에 보내시는 것 같았다. 단기 선교를 다녀와서 아내에게 "하나님이 우리를 저 나라에 보내시는 것 같다"라고 했을 때, 처음에는 아내가 진지하게 생각하더니 나중에서는 그냥 웃고 넘어갔다. 왜냐하면 다녀온 나라마다 그렇게 이야기를 하기 때문이었다.

어느 국가에서 사역을 해야 할지 알지 못할 때 하나님은 말레이시아로 인도해 주셨다. 수원제일교회에서 선교영어캠프로 학생들을 인솔하여 말레이시아에서 한 달 동안 사역을 하게 되었다. 아내와 두 딸도 함께 동참했다. 그런 후 가족들에게 말레이시아로 선교하러 와도 되겠느냐고 물었을 때 모두 말레이시아가 좋다고 했다. 아이들은 수영장이 좋아서 말레이시아가 좋다고 했을 것이다. 수원제일교회 이규왕 담임목사님은 이슬람국가이기 때문에 여러 염려를 하셨지만 기꺼이 수원제일교회에서 말레이시아로 나의 가족을 파송해 주셨다. 2001년 2월 25일에 파송을 받아 현재 16년 동안 사역을 감당하고 있다.

2015년은 말레이시아 한인 선교사 사역 50주년이 되는 해이다. 그해에 내가 회장으로 섬기는 기회도 있었다. 1965년 감리교단 김성욱 선교사가 처음으로 말레이시아 사라왁에 온 것이 시작되어 말레이시아 한인 선교 역사가 50년이 되었다. 나는

1965년에 태어나 나이 만 50세에 말레이시아 한인 선교 사역이 50년이 되는 해에 선교사회 회장이 되었다. 무엇인지 모르겠지만 하나님의 섭리와 은혜가 그 가운데에 있는 것은 분명하다.

하나님이 실수로 나를 여기에 보내셨나요?
말레이시아에서 정착할 때 어떻게 선교해야 할지 막막하였다. "혹시 하나님이 실수로 나를 이 땅에 보내지는 않았을까"라는 생각도 들었다. 그때 남아공에서 온 전혀 모르는 기도원 원장 한 분이 이렇게 기도해 주었다.

"당신은 말레이시아에 실수로 오지 않았습니다. 하나님이 새로운 길을 여실 것입니다."

그의 격려하는 기도가 개인적으로 큰 위로가 되었고, 하나님의 인도하심을 기다리며 사역을 시작할 수 있었다. 나는 말레이시아로 파송을 받을 때 세 가지 사역을 계획하였다. 제자훈련, 교회 개척, 태권도 사역이다. 계획한 대로 하나님은 교회를 개척하게 하시고 제자훈련을 시키게 하시며, 태권도를 교회와 국제학교 등에서 가르치게 하셨다.

처음에는 현지인에 의해 개척된 지 10년 된 SIB Serdang 교회에서 제자훈련을 인도하였고 목회자가 없을 때는 담임목회자로 섬기며 대략 3년 정도 사역을 했다. 그리고 하나님은 새로운 교회를 개척할 기회를 주셨다. 현재 SIB Mines Healing교회는 12년 전, 2005년에 내 가족 5명(나와 아내, 딸 3)이 개척한 교회이다. 현재 주일 평균 출석 100명이 넘는다. 10주년 행사 주일에는 약 200명 정도가 참석하였다.

전도를 할 수 없는 말레이시아 땅, 곧 헌법에 공식적으로 IS(Islamic State ; 이슬람 국가)로 명시된 국가에서 하나님은 SIB Mines Healing교회를 놀라울 정도로 부흥하게 하셨다. 이러한 부흥의 배후에는 사라왁 주에서 급하고 강한 바람처럼 일어난 바리오의 부흥이 있었다. 바리오 부흥을 연구하면서 SIB Mines Healing교회에도 부흥이 시작된 것이다.

제자훈련 받은 제자들 중에는 말레이시아 국립대학교에서 5

말레이시아 마인즈힐링교회 주일예배 모습. 필자가 2005년에 개척하여 현재 목회하고 있는 현지 교회이다.(2017년)

명 정도 교수가 되었고, 학교 교사, 직장인 등 다양한 모습으로 사회에서 믿음 생활을 하고 있다. 지금도 교회에서 수십 명이 제자훈련과 사역훈련을 받고 있다. 교회 자체에 신학교(디플로마 과정)를 운영하여 교회 목회자와 지도자를 양성하고 있다. 그리고 2016년 12월 말에 체라스Cheras힐링교회를 개척하였고, 앞으로 더 많은 교회를 개척하여 하나님의 부흥을 경험하고자 하는 것이 나의 바람이다. 앞으로 하나님은 나를 통하여 더 큰 일을 하시라 믿는다.

> 네 길을 여호와께 맡기라 그를 의지하면 그가 이루시고, 네 의를 빛 같이 나타내시며 네 공의를 정오의 빛 같이 하시리로다
>
> 시 37:5-6

우리의 길을 하나님께 맡길 때 전지전능하신 하나님이 우리의 소원을 이루시고 우리를 통하여 그분의 영광을 선포하신다. 하나님은 능히 우리를 인도하시고 형통케 하실 수 있으시기에 그분을 믿고 의지할 수 있다. 하나님을 의지하는 자는 결코 부끄러움을 당치 않는다. 우리가 하나님께 우리의 삶을 맡길 때 하나님은 우리를 부흥의 길로 인도하실 것이다.

03

바리오 부흥으로 부르심

부흥은 지상에 현현한 천국의 날들이다.
A revival means days of heaven on earth.
_ D. Martyn Lloyd-Jones

하나님은 나를 동말레이시아 사라왁 주에 속한 클라빗^{Kelabit} 종족의 주거주지인 바리오에 일어난 부흥으로 인도하여 주셨다.

교회 개척하기 전에는 개척된 지 10년 된 Serdang 교회를 섬기게 되었는데, 그곳에는 여러 명의 클라빗 종족 성도들이 출석하였다. 객관적으로 보아도 그들의 믿음과 헌신, 교회 사랑에 대한 점은 다른 종족 사람들보다 더 열정적이었다.

비자 해결

말레이시아에는 선교사 비자가 없기 때문에 학생비자, 사업비자, 은퇴비자 등을 받아 선교사들이 사역하고 있다. 나는 비자를 얻기 위하여 사역하던 Serdang 교회 바로 옆에 위치한 말레이시아 UPM^{University Putra Malaysia} 국립대학교에서 개설한 박사 학위 과정을 신청하였다. Serdang 교회 성도들은 대다수 UPM 대학교 학생들로 구성되어 있었다. 그래서 캠퍼스 사역과 교회 사역의 비전과 더불어 비자 해결의 방안으로 학위 과정을 신청하였는데, 허락이 되어 공부를 하게 되었다.

나는 비자를 받는 것이 목적이어서 학위에는 관심이 없었기 때문에 지도교수들에게도 학위를 받는 것에 대하여 생각하지 않는다고 말했다. 그런데 2년 뒤에 지도교수가 F학점을 주는 상황이 되자 당황했다. 그 이유는 한 번만 더 F학점을 받으면 학생비자가 취소되기 때문이다. 그래서 나는 생각했다. "하나님이 주신 기회이면 연구를 해서 학위를 받는 것에 도전을 해야 되지 않겠는가" 그래서 연구할 영역을 찾기 시작했다.

이슬람을 연구하려고 하다가 지도교수가 아랍어를 하지 못하면 하지 말라고 했다. 왜냐하면 아랍어를 모르고는 이슬람 연구를 학문적으로 공부하기가 쉽지 않기 때문이다. 공자 연구로 박사학위 과정을 하려면 대학교 내에 동양철학을 연구하여 박사학위를 받은 교수가 있어야 된다고 했다. 그때에 동양철학으로 박사학위를 받은 교수가 없었다. 그래서 포기할 수밖에 없었다.

클라빗 종족

그때 사라왁 소수 종족 중에 가장 큰 종족 이반족으로 영국 Hull 대학교에서 박사학위를 받은 J교수가 갑자가 클라빗 종족 을 연구할 것을 나에게 요청했다. 사라왁 소수 종족으로 6,000 명밖에 되지 않지만 사회 발전에 많은 공헌을 했다는 것이다. 내가 섬기던 교회 성도들 중에 클라빗 성도들이 여러 명 있어 어느 정도 알고 있었다. 그래서 클라빗 종족에 일어난 부흥을 연구하기로 결정하였다. 이를 연구하도록 추천한 J교수는 감리 교 교인이었는데 다행히 나의 지도교수가 되었다. 하나님의 섭 리 속에 클라빗 종족을 만난 것이다.

필자가 클라빗 종족 연구로 말레이시아 푸트라대학교(UPM) 총장인 셀랑고르(Selangor) 주 술탄(Sultan)으로부터 박사학위을 받고 있다.

이 종족을 연구하기 위해 여러 차례 클라빗 종족 거주지 중에 가장 큰 바리오Bario라는 지역을 방문했고, 어떤 경우는 한 달 동안 그들과 같이 생활하면서 그들의 삶을 경험하며 관찰하기도 했다.

자동차가 갈 수 있는 길이 없어서 비행기로밖에 못 가는 바리오 지역에 일어난 부흥을 연구하면서 나도 모르게 부흥에 대한 갈망이 생기고, 개척하여 섬기던 Mines Healing 교회에도 부흥이 일어나기 시작했다.

> 오순절 날이 이미 이르매 그들이 다같이 한 곳에 모였더니 홀연히 하늘로부터 급하고 강한 바람 같은 소리가 있어 그들이 앉은 온 집에 가득하며 마치 불의 혀처럼 갈라지는 것이 그들에게 보여 각 사람 위에 하나씩 임하여 있더니 그들이 다 성령의 충만함을 받고 성령이 말하게 하심을 따라 다른 언어들로 말하기를 시작하니라 행 2:1-4

예수님은 승천하시기 전에 아버지께서 약속하신 것 곧 성령으로 세례를 베푸시는 것에 대하여 말씀하셨다. 그리고 오순절에 실제적으로 그 약속은 성취되었다. 성령이 급하고 강한 바람 같이, 불의 혀처럼 갈라지면서 모인 모든 사람 위에 임하시니 그들이 다 성령의 충만함을 받고, 성령의 말하심을 따라 다른 언어로 말하기 시작했다. 성령이 바람과 불같이 임하시면서 사람의 마음을 다스리며, 혀를 다스리는 일이 일어난 것이다. 이것이 부흥이다.

부흥은 성령이 우리의 생각을 바꾸는 것이다. 부흥은 성령이 우리의 혀를 주장하는 것이다. 하나님의 생각으로 생각하는 것, 하나님이 말하시는 것을 말하는 것, 이것이 바로 부흥의 역사이다.

말레이시아 수도인 쿠알라룸푸르 전경

서말레이시아 푸트라자야(Putrajaya) 도시

말레이시아에 일어난 부흥 이야기

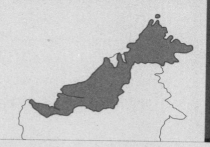

Part 2

복음 전파

MALAYSIA

부흥은 하나님께서 그의 교회를 소생시키는 것이다.
부흥은 하나님께서 그의 교회에서 그의 분노를 돌이키시는 것이다.
부흥은 하나님께서 그의 백성의 마음을 감동시키는 것이다.
부흥은 하나님께서 그의 은혜의 주권을 표시하시는 것이다.
영적 각성 가운데 하나님은 자신을 아버지로, 절대 주권자로,
소망으로, 거룩함으로, 은혜로, 능력으로, 사랑으로,
유효하신 분으로 나타내시는 것이다.

Revival is God revitalizing His church.
Revival is God turning His anger away from His church.
Revival is God stirring the hearts of His people.
Revival is God displaying the sovereignty of His grace.
In a Spiritual Awakening God reveals Himself as a Father,
Sovereign, Hope, Holy, Grace, Power, Love, Available.

_ Lewis Drummond

말레이시아의 복음 전파

> 어떤 지역의 교회들이 하나로 연합하여 기도로 모
> 일 때, 교회와 그 지역을 둘러싸고 있는 사단의 권
> 세를 파괴하는 어떤 일이 하늘의 장소에서 생긴다.
>
> When churches in a region come together in
> prayer and in visible unity, something happens in
> the heavenly places that breaks Satan's power
> over the Church and eventually over that region.
>
> _ Ed Silvoso

말레이시아는 다종족, 다언어, 다문화, 다종교 등 다양한 색
깔을 가진 복합적인 국가이다. 대략 말레이시아 국가의 60%를
차지하는 말레이 종족은 이슬람을 추종하며, 나머지 25%를 차
지하는 중국계는 다수가 도교와 불교를 따르고 있다. 그리고
7% 정도를 차지하는 인도계는 다수가 힌두교를 믿으며, 소수
종족 6% 정도는 기독교와 정령숭배를 따르고 있다. 기독교는
현재 말레이시아 전체 인구의 9%를 차지하며, 그중에 절반 정
도가 가톨릭에 소속되어 있다.

말레이시아는 역사적으로 중국, 인도네시아, 포르투갈, 네덜

란드, 영국, 일본 등 많은 국가들로부터 식민통치를 받거나 영향을 받아왔다. 그중에 특히 유럽의 기독교 국가들에 의해 식민통치를 받으면서 기독교가 전파되었다. 포르투갈이 식민통치를 하면서 가톨릭이 정착되었고, 네덜란드를 통해서 개혁교단이, 영국을 통하여 성공회, 감리교, 장로교 등이 정착하게 되었다. BEM^{Borneo Evangelical Mission}에서 교회를 개척하여 생성된 현지 교단 SIB^{Sidang Injil Borneo}가 복음주의 교회의 다수를 차지하고 있다.

해상 실크로드

중국과 인도의 중간에 위치하고 있는 말레이시아, 특히 말라카 지역은 한 때 해상 실크로드의 중요 항구 도시였다.

말라카 왕국이 세워지기 이전 4세기에는 인도 무역 상인들이 방문하여 불교와 힌두교를 소개했고, 8-9세기에는 아랍 상인들이 이슬람을 전파했다. 그리고 13세기에는 가톨릭 방문자들이 방문을 하기도 했다.

14세기에 수마트라 섬에서 온 파라메스바라^{Parameswara} 왕자가 말라카 왕국을 세웠다. 말라카 왕국이 세워진 후 15세기에는 말라카 해변에 미국 크리스천들도 머물기도 하였다. 말라카 왕이 무슬림 공주와 결혼하여 무슬림이 되면서 말라카 왕국이 이슬람으로 개종하게 된 것이다.

포르투갈 식민통치

1511년, 가톨릭 국가인 포르투갈은 말라카 왕국을 점령하고 향신료 등, 해상 무역과 가톨릭 선교의 요새를 만들고 성당을 세웠다. 가톨릭 예수회의 창립 멤버였던 프랜시스 사비어^{Francis} ^{Xavier}가 1545년 말라카에 도착하여 포르투갈 사람들을 설득하여 현지인에게 신앙을 전파하도록 도전하였다. 마침내 14개 교회가 세워지고 수천 명의 성도들이 세워졌다. 그 당시 중국과 인도에서 온 사람들도 개종하였고, 말레이(무슬림)는 결혼을 통하여 가톨릭으로 개종했다. 그 결과 말레이시아에 기독교 중에 가톨릭이 가장 오래되고 큰 교단이 되었다.

프랜시스는 현지인을 착취하며 학대하는 포르투갈의 식민통

말라카에서 포르투갈이 식민지 통치를 할 때 세운 성바울교회

치 방법을 보면서 포르투갈 사람들에게 회개를 촉구하다가 오히려 미움을 받기도 했다. 그래서 그가 중국으로 이동하기 위해 말라카 식민지 통치자에게 큰 배를 요구했지만 그들은 작은 배를 준비했고, 오히려 그들의 돌을 맞으며 말라카를 떠났다고 한다.

아무튼 포르투갈은 말라카를 정복하면서 수많은 사람을 죽였고, 수많은 약탈을 자행하였다. 그럼에도 불구하고 가톨릭은 현지화가 되었고 오늘날 기독교의 대다수를 차지하고 있다.

네덜란드 식민통치

1641년 네덜란드가 조호Johor왕국을 연합하여 포르투갈과 전쟁을 하여 말라카를 장악하면서 개혁 교회를 세웠다. 가톨릭 성도들을 핍박하면서 개종시키려고 했지만 가톨릭 성도들은 그들의 전통과 믿음을 지켰다. 그 당시 세워진 그리스도Christ교회는 지금도 주일에 영어, 말레이어, 중국어, 타밀어 등으로 예배를 드리고 있다.

네덜란드 통치하에서는 말라카가 무역 중심지로 발전하지는 못했지만 네덜란드가 인도네시아 자바Java 섬 지역을 통치하는 데 교두보 역할을 하였다. 네덜란드는 1795년까지 말라카를 통치하면서 말레이시아에 개혁 교회의 발자취를 남겼다.

영국의 식민통치

1786년, 영국이 인도에 세운 동인도회사EIC가 페낭을 장악하면서 선교 사역을 시작했지만 식민지 정책의 일환으로 무슬림으로 구성된 말레이 종족은 개종시키지 않았다. 1795년에 말라카는 영국의 통치에 놓이고, 네덜란드는 인도네시아 중심으로 식민통치를 하게 되었다.

1805년, 런던선교사협의회London Missionary Society는 페낭을 선교 기지로 세우면서, 1815년에는 중국의 개신교 개척자인 로버트 모리슨Robert Morrison의 사역을 돕도록 보내진 윌리암 밀너William Milne를 통하여 말라카에 선교 사역을 하였다. 많은 선교의 수확은 거두지 못했지만 중국어 성경 인쇄 등 인쇄 사역에 좋은 열매가 있었다.

영국은 현지 문화와 종교는 술탄에게 위임하고 행정과 교육 등 통치에 중점을 두는 식민지 정책을 실행했다. 그리고 말레이시아 전체 주가 영국의 식민통치를 받게 되었으며, 영어로 학교에서 공부하였는데, 그때 말레이시아 사람들이 영국 사람들보다 영어를 더 잘했다고 할 정도였다고 한다. 지금도 그 당시 영국인들이 예배드리는 교회에서 말레이시아 현지인들이 예배드리고 있다.

기독교 유럽 국가의 식민통치 결실

십자군 전쟁을 하면서 기독교인들과 무슬림들 사이의 엄청난 피 흘림과 한 맺힘이 있었지만 이슬람이 유럽으로 들어가는 관문을 막는 성과를 거둘 수가 있었다. 그럼에도 이슬람의 세력이 아라비아 반도를 장악함으로써 유럽에서는 아시아에 진출하기 위해서 아프리카를 돌아 인도로 갈 수밖에 없었다. 그러다 보니 기독교보다 이슬람이 인도네시아와 말레이시아, 필리핀 등에 먼저 전파되어졌다. 시기적으로는 늦었고 많은 착취와 박해, 그리고 전쟁을 가져왔지만 유럽에서 포르투갈, 네덜란드 그리고 영국이 말레이시아를 식민지로 통치하면서 그 결과 기독교 비율이 말레이시아에 9%를 유지하는 결실을 맺게 되었다. 유럽의 기독교인들은 말레이시아에 그들의 착취와 악행에 대해 용서를 구해야 하지만 하나님은 그들을 통해 하나님의 교회를 말레이시아에 심으신 것이다.

우리가 알거니와 하나님을 사랑하는 자 곧 그의 뜻대로 부르심을 입은 자들에게는 모든 것이 합력하여 선을 이루느니라 롬 8:28

하나님을 사랑하고, 열심히 그의 뜻을 구하면 하나님이 모든 선하심으로 우리와 우리의 사역을 인도하신다. 비록 기독교 유럽 국가들의 식민통치를 받으면서 수많은 약탈과 어려움을 말레이시아가 받았지만 몇 가지 혜택도 있었다.

말라카는 유네스코 유산에 등재되었다. 그리고 말레이시아는 1957년 영국으로부터 평화적으로 이양되어 독립국가가 되었다. 오늘날 말레이시아는 GDP가 인도네시아의 3배, 태국의 2배, 캄보디아보다 10배나 높다. 하지만 이보다 더 큰 결실은 전 세계 이슬람 국가를 이끌고 있는 말레이시아에 식민통치로 말미암아 믿음의 교회가 세워져 전 국민의 9%나 되는 기독교 세력을 확보하게 된 것이다.

하나님은 남은 교회가 말레이시아 선교, 곧 이슬람 선교를 위해 심어놓으신 것이 아닌가 생각해 본다. 우리의 삶을 돌이켜 보면 우리의 죄와 허물이 많지만 성실하신 하나님은 많은 일을 이루어 주신다. 하나님을 사랑함으로 모든 일을 감당하여 하나님의 선하심을 경험하기를 바란다.

05

사라왁 주의 복음 전파

> 하나님은 선교의 하나님이시다. 그분은 우리가 그
> 분을 알 수 있도록 부흥을 주시는 것뿐만 아니라
> 길을 잃고 죽어가는 세상의 필요를 우리가 깨닫도
> 록 하신다.
>
> God is a God of mission. He sends revival not only
> to awaken us to Himself, but to awaken us to the
> needs of a lost and dying world.
>
> _ Ian Malins

　동말레이시아는 보르네오Borneo 북쪽에 위치하여 사바와 사라
왁 주로 구성되어 있다. 1963년, 말라야Malaya는 싱가포르와 사
바, 사라왁 지역이 연합되면서 말레이시아로 탄생되었지만, 싱
가포르는 1965년에 정치적인 갈등으로 독립하게 되었다.

　기독교 복음은 말레이시아가 탄생되기 이전에 사바와 사라왁
에 전파되었다. 현재 사바는 25%, 사라왁은 40% 정도가 기독
교인이다. 그중에 절반 이상이 가톨릭이며 이어서 SIB 교단, 성
공회와 감리교 등이 그 나머지를 차지하고 있다.

제임스 브루크, 사라왁 주의 백인 왕이 되다

1841년 11월 24일, 제임스 브루크James Brooke, 그는 전쟁 중에 부상을 입고 퇴역한 영국 군인 장교이며, 브루나이Brunei 왕국으로부터 내란을 진압해 준 대가로 땅을 받음으로 사라왁을 통치하는 백인 왕Rajah Putih; White King이 되었다. 제임스 브루크 왕은 성공회와 긴밀하게 협력하면서 다른 기독교 교단들과도 협력하여 기독교가 사라왁에 중요한 역할을 하도록 기회를 주었다. 그렇지만 브루크 왕이 브루나이 술탄과 국가의 종교와 법에 대한 존중의 조약을 맺음으로 말레이 종족(무슬림)을 개종시키는 것은 금지되었다.

14세기에 가톨릭 여행자는 사라왁에 머물었고, 1550년경, 가톨릭 예수회 소속 두 신부가 보르네오에 방문하였는데, 한 명은 열병으로 죽었다고 한다. 1857년, 브루나이 해협에서 큰 폭풍으로 죽다가 살아난 칼로스Carlos 신부는 보르네오 선교에 헌신하였고, 마침내 3명의 신부와 함께 라부안 지역에 선교센터를 세웠다. 3명의 신부가 모

사라왁을 통치한 초대 왕 제임스 브루크
(James Brooke, 1803-1868)

두 살해되었지만 칼로스는 1878년까지 거주하였다. 그는 로마에 돌아가서 교황에게 선교사를 보르네오에 보내 줄 것을 요청하였고, 마침내 밀 힐Mill Hill 선교사팀이 1881년 7월 21일에 도착하였다. 제임스 브루크로부터 승계된 찰스 브루크Charles Brooke는 그들을 환영하여 사라왁 위쪽 지역에 선교를 집중할 것을 요청했다.

중국 기독교인이 이주하다

1898년 중국의 바셀선교회에서 성공회로 개종한 100명의 중국인이 이주하였고, 1901년에도 찰스 왕은 농업 발전을 위한 이민정책에 따라 중국에서 감리교 성도들을 이주시켜 시부Sibu 중심으로 거주하게 하였다. 1903년에는 미국 선교사 제임스 후버James Hoover가 사라왁에 도착하여 감리교 성도들을 돌보게 되어 시부 지역은 감리교 교단의 중심이 되었다. 말레이시아 한인 최초 선교사 김성욱 목사도 감리교 소속 선교사로 1965년에 사라왁에 도착하여 10년간 중국계, 소수 종족 중심으로 선교를 감당했다.

호주 보르네오 복음주의 선교회BEM가 사역을 시작하다

호주에서 허드슨 사우스웰Hudson Southwell과 케리 톨리Carey Tolley,

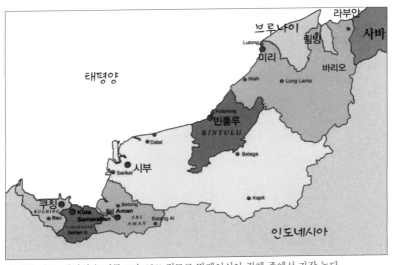

사라왁 지도. 사라왁은 기독교가 40% 정도로 말레이시아 전체 주에서 가장 높다.

그리고 프랑크 데이비슨Frank Davidson 등이 설립한 보르네오 복음
주의 선교회BEM: Borneo Evangelical Mission에서 위의 3명이 1928년 11
월 12일에 쿠칭Kuching에 도착하였다. 브루크 왕은 그들을 소수
부족이 살고 있는 림방Limbang 지역에 선교할 것을 허락하였다.
10년 동안 이반족을 대상으로 한 선교는 큰 결실을 거두지 못했
지만 1930년에 클라빗 종족의 사촌 종족인 룬바왕Lun Bawang 종
족을 방문하면서 왕에게 선교할 것을 요청했지만 브루크 왕은
그들의 악한 행동, 곧 사람의 목을 자르고 술을 좋아하는 종족
은 멸족당하는 것이 더 좋다고 하면서 그들의 요청을 거부하였
다. 그러다가 1933년 그 종족은 국경 근처에서 사역하는 미국

선교사를 요청하여 복음을 스스로 듣고 기독교로 대대적으로 개종하는 기적이 일어난 것이다.

1937년 백인 왕은 BEM선교회에 선교를 확장할 것을 허락하고, 1940년에는 왕이 그 지역을 방문하고 룬바왕 종족이 변화된 것을 눈으로 보고 "정부가 10년 동안 해야 할 일을 선교사는 1년 만에 감당했다"면서 크게 감탄하였다.

말레이시아 15개 주에서 사라왁 주가 기독교 비율이 가장 높은 40% 정도이며, 이슬람 국가에서 지금도 기독교를 든든히 지키고 있다.

> 인자가 온 것은 잃어버린 자를 찾아 구원하려 함이니라
> 눅 19:10

예수님이 잃어버린 우리를 찾으러 하늘에서 이 땅까지 오셨다. 많은 선교사들이 미국, 영국, 호주, 캐나다에서 한국에 왔다. 한국에서 수많은 선교사들이 잃어버린 자를 찾으러 전 세계에 나가 있다. 잃어버린 자를 찾아 주님이 다니시는 것처럼 우리도 그들을 찾아야 한다. 부흥은 잃어버린 자를 찾고자 하시는 하나님의 마음을 품었을 때, 우리 가운데에 일어날 것이다.

바리오의 복음 전파

우리는 형식적인 회개와 진리를 무시하는 행위에서
벗어나, 부흥의 홍수 문을 열고 열방을 치유하도록
부름을 받았다.

We are called to live out the biblical practice of
identificational repentance, a neglected truth that
opens the floodgates of revival and brings healing
to the nations.

_ John Dawson

'바람Wind' 이라는 뜻을 가진 바리오Bario는 클라빗 종족의 주거
주 지역이다. 클라빗 종족은 룬바왕 종족과 같이 사람의 목을
자르며head-hunting, 술에 늘 취해 있는 종족이며, 애니미즘에 사
로잡힌 종족이었다. 그렇지만 이 종족은 바리오와 더불어 모든
클라빗 종족의 거주 지역에 기독교가 전파되면서 정령숭배에서
기독교로 개종되었다.

영국인 제임스 브루크가 통치하다

1841년, 개인 왕국의 왕으로 영국인 제임스 브루크가 사라왁

을 통치하기 시작했다. 사라왁 왕국이 확장되면서, 통치 20년이 지난 뒤 보르네오 왕국에서 클라빗 종족이 사는 지역까지 사라 왁 왕국에 속하게 되었다. 1906년, 바람^{Baram}지역의 통치자 더글 러스^{Douglas}는 최초 유럽인으로 클라빗 거주 지역에 방문하였다.

호주 BEM 선교사가 방문하다

BEM(보르네오 복음주의 선교회) 소속 선교사 프랑크와 데이비 슨은 클라빗 지역 주변에 5년 동안¹⁹³⁵⁻¹⁹⁴⁰ 생활하였다. 1940년 에 푼 아비^{Pun Abi}라는 클라빗 사람이 BEM 선교사 사우스웰과 데 이비슨의 방문을 통하여 최초의 기독교인이 되었다. 바리오 지 역에 장기적인 거주를 한 선교사는 없었지만 여러 차례 방문을 통하여 복음 전파, 성경 교육, 보건 후생 등의 사역을 감당하였 다.

미국 C&MA 선교사가 방문하다

마을 추장의 동생이자 후계자인 아란 투안^{Aran Tuan}은 국경지 역에 C&MA(Christian and Missionary Alliance ; 크리스천과 선교 사협의회) 미국 선교사들이 학교를 운영한다는 소식을 듣고 클라 빗 소년 3명을 보내어 공부를 하게 하였다. 일본이 그곳을 점령 하는 1942년까지 소년들은 그곳에서 공부를 하였다. 일본이 그 지역을 점령하고 난 뒤 3명의 소년들은 고향으로 돌아와 기독교를 자기 종족에게 담대하게 소개했다.

이어서 인도네시아에서 사역 중인 C&MA 소속 미국 선교사들이 클라빗 지역을 방문하여 예수의 구원에 대해 설교하였다. 그 결과 1940년 중반에 클라빗 종족은 대대적으로 기독교로 집단 개종을 하게 되었다. 클라빗 종족의 최고 추장 잉맡 아유Ngimat Ayu는 당시 종족 추장이었던 자신의 부친을 통해서 듣기를 클라빗 종족이 새와 동물에 대한 심각한 정령숭배적인 미신 등이 있어서 거기에서 자유하기 위해서 기독교를 받아들였다고 한다.

일본군이 가까이 오다

바리오에서 기독교로 종족 개종이 일어날 때, BEM 소속 선교사들은 일본 군대에 의해 감옥에 갇혀 있었고, 그중에 데이비슨Davidson은 몸이 약해서 1945년 4월 27일에 감옥에서 사망하였다. 독립이 된 후 사우스웰Southwell은 호주로 돌아갔다가 일 년 뒤에 다시 사라왁으로 돌아와 선교 사역을 감당하였다.

인도네시아에서 온 바울Paul은 클라빗 종족에 세워진 최초 학교의 최초 선생이 되었다. 그는 인도네시아에서 신학공부를 하였으며, 일본과 전쟁을 하기 위해 파견된 영국 사람 톰Tom의 사역을 돕기 위해 왔다가 바리오에서 결혼하여 자녀를 낳고 정착하였다. 평일에는 학교에서 기독교에 기초한 교육을 시켰으며 주일에는 각 마을 교회에서 설교를 하였다. 다행히 일본 군대는 바리오 지역까지 들어오지 못했다.

영국이 식민통치하다

사라왁은 일본으로부터 독립되면서 다시 영국의 식민통치를 받았다. 1947년 사우스웰은 클라빗 지역을 방문하였는데, 클라빗 사람들이 정령숭배자에서 벗어나 형식적인 기독교인이 되었다고 설명했다. 그래서 BEM 선교회는 지속적으로 클라빗 사람들에게 성경을 가르친 결과로 말미암아 복음에 기반을 둔 기독교인이 될 수 있었다. 그래서 클라빗 종족은 BEM 선교회에 세워진 SIB(Sidang Injil Borneo; 보르네오 복음주의 교회) 교단 소속 교회만이 유일하게 존재하게 되었다. 그리고 기독교 99%의 종족이 되었다. 99%가 기독교인이고, 100%의 교회가 SIB 교단에 속한다. 그래서 클라빗 종족은 한 종족, 한 종교, 한 교단을 갖게 된 것이다.

나(바울)는 심었고 아볼로는 물을 주었으되 오직 하나님께
서 자라나게 하셨나니 그런즉 심는 이나 물 주는 이는 아무

것도 아니로되 오직 자라게 하시는 이는 하나님뿐이니라

고전 3:6-7

바리오 지역에 호주 선교사, 미국 선교사, 인도네시아 기독교
교사 등 많은 곳에서 와서 여러 모양으로 기독교의 영향을 주었
다. 바울의 고백처럼, 우리 모두는 하나님의 동역자이다. 우리
는 복음을 전파하고, 가르치고, 교회를 세우는 일 등 우리가 할
수 있는 것을 하는 것뿐이다. 그러나 구원은 하나님이 이루시는
것이다. 선교의 주체는 삼위 하나님이시다. 선교는 하나님이 계
획하셨고, 예수님이 십자가에 죽으시고 부활하심으로 구원의
문을 열어 선교가 가능케 하셨고, 성령님은 개인적으로 구원하

산꼭대기에 세워놓은 십자가에서 바라본 바리오 지역 전경. 클라빗 종족의 최대 규모의 거
주지이다.

바리오 지역 전경

심으로 선교를 이루시고 계신다.

우리는 세계 선교를 감당함에 있어서 겸손히 하나님이 맡겨 주신 사역을 감당해야 한다. 그러면 하나님은 우리를 통하여 놀라운 부흥을 일으켜 구원의 사역을 이루어 나가실 것이다.

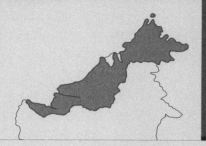

Part

3

바리오 부흥

MALAYSIA

부흥의 특징Revival Characteristics

1) 회개 : 부흥의 열쇠
Repentance : Key to Revival

2) 예배 : 부흥케 하시는 하나님의 만지심
Worship : The Touch of God that Revives

3) 성령 : 부흥을 위한 충만함
The Holy Spirit : The Filling for Revival

4) 전도 : 부흥을 위한 영혼 구원
Evangelism : Winning Souls for Revival

_ Neil T. Anderson & Elmer L. Towns

07

부흥의 점화

모든 성령의 부으심은 하나님 앞에 깨어진 마음과
겸손을 동반한 진지하고 애절한 기도가 선행된다.
Every out-pouring of the Spirit is preceded by
earnest, agonizing intercession, accompanied by a
heart-brokenness and humiliation before God.

— Evan Roberts

클라빗 종족은 1940년 중반에 정령숭배에서 기독교로 개종
하였다. 비록 선교사들의 사역이 있었지만 성령의 충만을 받지
못하고 종교적 행위를 강조하는 형식적 기독교인이었다. 그러
나 1973년의 부흥을 통하여 내면까지도 새롭게 되며 성령의 인
도하심으로 복음을 전파하며 사회를 변화시키는 놀라운 역사를
이루었다.

옥타비아누스가 인도네시아 부흥을 소개하다

1960년 중반, 인도네시아의 부흥을 주도한 옥타비아누스
Octavianus가 1973년 4월 바리오를 방문하여 죄의 회개를 촉구하

며 자신들의 미신에서 떠날 것을 외쳤다. 그리고 인도네시아에 성령께서 얼마나 놀랍게 역사하셨는지 실제적인 간증을 나누었다. 그의 메시지는 바리오 사람들에게 강한 인상을 남겼고, 그들의 마음을 동요시켰다. 그들에게도 부흥이 절박하였다.

국회의원이며 농림부 차관을 역임한 요셉Joseph에 따르면 옥타비아누스가 바리오에 방문하고 나서 말레이시아 정부가 다시 말레이시아에 들어오지 못하도록 입국 금지 조치를 내렸다고 한다.

중학생 두 명이 기도하다 _1973년 10월 3일, 수요일

바리오 지역의 같은 마을에 사는 중3 학생 이드리스Idris와 오삿Osat은 학교 시험과 고등학교 시험을 위해 롱하우스longhouse에서 기도하다가 성령의 기름 부음을 받고 회개와 찬양, 방언 등으로 기도를 온종일하게 되었다. 이들을 만나서 그때 상황을 질문했는데, 자신들도 너무 놀라서 자기들끼리만 알고 사람들에게 알리지 말자고 이야기했다고 한다. 아무튼 이드리스는 국회의원과 말레이시아 장관을 역임하였고 지금도 말레이시아 정부의 요직을 담당하고 있다. 그리고 오삿은 그의 정직성을 인정받아 사라왁에서 유능한 변호사가 되었다. 이들 중학교 3학년 학생 두 명이 바리오 부흥의 불길을 점화시키는 도구가 되었다.

말레이시아 항공사 대표로 있는 이드리스와 필자(바리오에 있는 그의 부모집에서 인터뷰 후). 그는 국회의원, 장관 역임, 지금도 말레이시아에서 중요한 역할을 담당하고 있다.

바리오 중학교 기독 서클에서 기도하다 _1973년 10월 4일, 목요일

　바리오 중학교에서 기독교 서클 모임Inter-School Christian Fellowship
이 있었다. 12명의 학생 지도자와 1명의 교사가 참석하였다. 그
교사의 이름이 솔로몬Solomon인데, 후에 대학에서 강의를 하다가
대학교에서 국비로 영국 학위과정을 요청했지만 본인은 대학교
를 사임하고 뉴질랜드 신학교에서 공부하여 목회자가 되었고
SIB사라왁교단의 부총회장까지 사역을 감당하였다.

　그 기독 서클 모임에서 솔로몬은 자신의 부족한 믿음으로 학
생들을 지도하는 자격이 안 된다고 느끼고 지도교사직을 사직
하려고 했었다. 그때 하나님의 놀라운 거룩하심이 천천히 무리

들 가운데 몰려들기 시작했다. 솔로몬은 그때 느꼈던 분위기를 이렇게 설명했다.

"산들바람처럼, 하나님의 거룩함의 놀라운 감각은 서서히 우리를 포위하였다. 하나님은 결코 우리의 형식적인 말에 속지 않으신다는 것을 느꼈다. 천사의 핀 숯이 입술에 닿은 이사야처럼 우리는 하나님께 헌신하며 순수하고 깊은 하나님의 인식이 우리를 압도하였다. 그 느낌은 우리를 장악했으며, 또한 무시무시하였다."

교사와 학생들은 스스로 죄를 고백하였고, 하나님을 섬길 수 없는 무가치한 자신의 모습을 느꼈다. 그 모임을 기도로 마무리할 때 그들은 성령의 강한 임재를 느꼈다. 그때 한 학생이 교사의 얼굴을 쳐다보면서 이렇게 외쳤다.

"선생님, 제가 기도해도 될까요?"

그리고 기도하기 시작하였는데, 처음에는 조용히 기도하다가 점차적으로 목소리가 올라가면서 하나님 앞에 자신의 죄를 고백하기 시작했다. 곧 그는 눈물 흘리며 부르짖었다. 그리고 다른 학생도 다 같이 울면서 회개하고 부르짖었다. 곧 그 방은 자발적인 큰 부르짖음이 있었고, 각자 학생들은 하나님께 그들의 마음을 쏟아부었다. 그리고 서로의 죄를 고백하면서 용서를 구하고 껴안아 주었다. 이런 상황이 약 45분이나 지속되었다.

기도한 곳에서 50미터 떨어진 곳에 살던 어떤 교사는 급하고 강한 바람 소리가 들려서 학교에 무슨 일이 일어났는지 궁금해서 기도하던 장소에 찾아오기도 하였다고 한다.

내가 한국 목사님을 한 분 모시고 바리오에 방문한 적이 있었다. 그때 한 마을에서 예배 설교자로 초청을 하였다. 저녁 집회였는데, 찬양을 하고 말씀을 전할 때가 되었을 때 갑자기 누군가 일어나 방언으로 예언을 하고, 이어서 다른 성도가 방언을 자기 언어로 통역을 하는 것이었다. 그런 후 그들은 번갈아가면서 서로에게 무엇인가 고백을 하고, 안아 주는 것이었다. 한국에서 설교 강사가 설교를 하기 위해 기다리고 있는 데도 불구하고, 그들은 시간이 가는 줄도 모르고 한참을 그렇게 하는 것이었다.

나중에 그 교회 성도에게 예배드릴 때에 무슨 일이 있었느냐고 물었다. 그랬더니 그 성도는 방언을 통역한 내용이 서로 간에 사랑이 식었고, 죄를 고백하라는 내용이었다고 한다. 그래서 예배 중에, 심지어 설교를 위해 한국에서 목사님이 오셨고, 선교사가 와 있음에도 불구하고 서로 죄를 고백하고, 사랑의 포옹을 하였다는 것이다. 지금도 바리오 지역에서는 이런 형태의 예배가 종종 진행되고 있다.

저녁에 모여 기도하다 _1973년 10월 5일, 금요일

학생들은 더 넓은 장소에 기도하러 모였다. 그리고 성령의 강한 역사가 다시 일어났고, 많은 학생들은 서로 간의 죄 용서를 구하고, 그 장소는 멀리 떨어진 마을 사람들도 들을 수 있는 울부짖는 소리로 가득 찼다. 그때 학교 교장 선생님은 모임을 빨리 마치고 밤 10시까지 집으로 돌아가서 내일 학교 공부를 준비하라고 했다. 그래서 학생들은 학교 규칙을 존중하여 집으로 돌아갔지만 여전히 뜨거운 불은 그들 안에서 타고 있었다.

나는 개인적으로 몇 차례 그 교장 선생님을 만나 그때 상황에 대하여 이야기를 들었다. 교장 선생님이 그 당시 형식적인 기독교인이었기 때문에 몸속에 정령숭배의 부적을 가지고 있었는데, 학생들이 자기를 위해 기도해 줄 때 진정으로 주님을 만나고, 그 부적을 버렸다고 하였다.

길거리에서 기도하다 _1973년 10월 6일, 토요일

교사 솔로몬과 한 학생이 공항 가까운 정글에서 부엌에 사용할 나무를 모으러 갔었는데, 여러 사람이 학교에서 무슨 일이 있었느냐고 물었고, 그들은 학교에 있었던 일을 나누었다. 그 말을 들은 사람들은 자신들을 위해 기도해 주시기를 요청했고 기도하였는데, 그들 가운데에서도 회개와 통곡하는 역사가 일어났다고 한다.

> 그때에 내가 말하되 화로다 나여 망하게 되었도다 나는 입술이
> 부정한 사람이요 입술이 부정한 백성 중에 거주하면서 만군의
> 여호와이신 왕을 뵈었음이로다 하였더라 그때에 그 스랍 중의
> 하나가 부젓가락으로 제단에서 집은 바 핀 숯을 손에 가지고 내
> 게로 날아와서 그것을 내 입술에 대며 이르되 보라 이것이 네 입
> 에 닿았으니 네 악이 제하여졌고 네 죄가 사하여졌느니라 하더
> 라 사 6:5-7

하나님의 임재 앞에서는 어떤 죄인도 감히 서 있을 수 없다. 하나님의 임재 앞에서 자신들의 참된 모습 곧 죄인의 모습을 볼 수 있다. 자신의 죄를 알게 되었을 때 몸부림치며 자신의 죄를 자복하고 용서를 빌면, 하나님은 예수님의 보혈로 그들의 죄를 용서하시고, 그들에게 참된 평안과 기쁨을 주신다.

이사야 선지자가 거룩하신 하나님을 뵈었을 때 자신의 죄악을 보고 회개함으로 하나님으로부터 죄 용서함을 받은 것처럼, 하나님의 임재는 바리오 부흥 가운데 일어났고, 지금도 우리 가운데 나타나신다. 하나님의 부흥은 날마다 하나님의 거룩한 임재 앞에 설 때 우리 가운데에 지속적으로 일어날 것이다.

08

부흥의 확장

> 하나님과 친근함은 조용하고 초점이 맞춰진 삶에서
> 찾는다. 그러나 분주함과 소란함은 그분의 임재를
> 내쫓는다.
>
> Intimacy with God is found in a quiet and focused
> life. Hurriedness and clamor drive out his
> presence.
>
> _ Wayne Jacobsen

중3 학생 두 명을 통하여 바리오 지역에 부흥의 신바람이 불
기 시작하였다. 중학교와 초등학교에서 학생들이 죄를 자복하
며 회개함으로 바리오 전 지역으로 부흥의 불길이 확산되었다.

중학생들이 마을 교회 예배에서 간증하다 _1973년 10월 7일, 주일 오전

중학생들은 주일에 각 마을 교회 주일학교 교사로 섬겼는데,
그들은 큰 확신과 담대함으로 그들의 간증을 나누었다. 성인들
이 참석하는 예배에도 참석하였다. 예배가 끝날 무렵에 두 명의
학생이 일어서서 형식적이고 종교적인 외식을 벗어버리고 살아

계신 하나님을 찾는 기도를 요청했다. 그들은 젊은 열정으로 기도했고 성령께서 어른들의 죄를 깨닫게 하셨다.

주일 온종일, 3-6명으로 구성된 팀들은 여러 마을에 다니면서 친구와 친척에게 증거하며 기도해 주었다. 많은 사람들이 죄를 깨닫고 자신들의 죄를 자복하였다. 학생들이 교회 성도들 앞에서 간증을 나눌 때 하나님은 그들에게 성령 충만을 주시고 담대함을 주셔서 자신들의 사역을 감당하게 하셨다.

> 만일 우리가 우리 죄를 자백하면 그는 미쁘시고 의로우사
> 우리 죄를 사하시며 우리를 모든 불의에서 깨끗하게 하실
> 것이요 요일 1:9

학교에서 말씀을 전하다 _1973년 10월 7일, 주일 저녁

그날 저녁에 학교 저녁예배를 드리는데, 더 많은 학생들이 모여들었다. 기도 시간에 찬송이 넘쳤고, 강한 홍수가 모인 모든 사람들 위에 넘치는 것처럼 성령의 임재가 느껴졌다. 많은 학생들은 나무로 된 차가운 바닥에서 기도하며 울부짖었다. 어떤 학생은 죄 용서를 구했고, 하나님의 자비를 구했다. 건물 밖에 구경하러 온 사람들도 성령의 만지심으로 나무가 쓰러지는 것처럼 쓰러졌다.

이런 상황이 몇 시간이 지나면서, 용기 있는 몇 학생은 자신의 죄를 사람들 앞에서 고백하기도 했다. 어떤 학생은 위로의 말을 전했고, 성경 구절을 나누기도 했고, 예언을 하기도 했다. 그리고 주님이 주신 비전을 나누기도 했다. 진실로 하나님의 사랑이 저녁에 모인 모든 사람들의 마음에 가득 찼다.

교회 지도자들이 의심하다 _1973년 10월 8일, 월요일

교사 솔로몬은 바리오 지역 14개 마을 교회를 관할하는 목사에게 불려갔다. 지난 주일에 각 마을 교회에서 중학생들에 의해 일어난 영적인 사건에 대해서 나누면서 지역 목회자들이 용납이 되지 않는다는 것이다. 목회자들은 마치 학생들이 최면에 걸린 것처럼 이해하면서 기독교 이전의 정령숭배 때처럼 그렇게 행동했다는 것이다.

그런 와중에서도 학생들은 기숙사에서 혹은 마을에 있는 자기 집에서 교제를 나누면서 기도와 찬양을 이어갔다. 심지어 각 마을 교회의 문이 목회자들로 인하여 공식적으로 학생들에게 닫혔다는 것을 알면서도 학교에서 기도 모임을 지속했다. 그러면서 영적인 은혜를 사모하는 마을 사람들이 참석하여 성령의 능력으로 만지심을 지속적으로 받았다. 그들은 자기 마을에 가서 가족과 친구, 친척, 마을 사람들에게 자신들이 받은 은혜를

바리오 지역에 있는 롱하우스 모습. 길게 만든 집에 옛날에는 수백 명도 살았다고 한다.

나누었다. 의심하는 교회 목회자들이 교회의 문을 학생들에게
닫았지만 하나님이 이끄시는 부흥의 역사를 멈출 수가 없었다.

정치인 요셉이 기도회를 인도하다 _1973년 10월 9일, 화요일
  교회 목회자들은 학생들 중심으로 일어나는 성령의 역사를
의심하고 있었다. 그러던 중에 모든 사람의 존경을 받는 국회의
원이며, 호주에서 신학을 공부한 요셉Joseph Balan이 영국 런던에
서 막 돌아와 바리오를 방문하였다. 그는 말레이시아 전 총리
마하티르가 자신을 목사라고 부를 정도로 믿음이 강한 사람이
었다. 이집트에서 요셉이 믿음의 정치를 한 것처럼, 이슬람 국

가인 말레이시아에서 믿음으로 정치 활동을 하고 있었다.

아무튼 교사와 학생으로 구성되어 부흥을 주도하는 팀과 지역 교회 교단 지도자들이 모여 요셉과 의논하였다. 그들이 결정한 것은 1973년 10월 14일에 모여서 하나님의 말씀, 곧 성경으로 학생들에 일어난 사건을 조명하자는 것이었다. 그런데 갑자기 1973년 10월 11일 마을 롱하우스longhouse에서 기도회로 모이기로 요셉이 계획을 바꾸었다. 요셉이 직접 그 모임을 인도했다.

롱하우스에 사람들이 가득 모여 몇 차례 찬송을 한 후 요셉은 학생들에게 기도하도록 했다. 그때 학생 오샅이 기도했다.

"주님, 당신이 왜 이렇게 멀리 계신 것 같습니까?"

몇 분 뒤에 이어서 기도했다.

"예, 주님, 여기에 계시군요. 주님은 아주 가까이에 계시군요. 주님이 우리의 마음에 들어오시는군요."

그러더니 그곳에 참석한 20명이 죄 용서를 구하며, 회개하며 울부짖었다. 요셉은 15분 동안 그들이 기도하게 두었다. 그리고 조용하게 되자 말했다.

"여러분이 지금 회개한 것을 압니다. 그렇지만 여러분이 정말 구원에 대하여 확신이 있는지는 모르겠습니다. 다시 한 번 하나님의 성령이 여러분의 마음에 가득 채우도록 여러분의 모든 죄

부흥이 일어난 중학교 위에 세워 놓은 부흥 기념비 주변에서 지금 중학생들이 모여 다시금 부흥이 일어나도록 기도하고 있는 모습이다.

를 고백하십시오. 우리는 사탄이 와서 내일이나 모레에 여러분의 가슴에 의심으로 다시 채우는 것을 원하지 않습니다.”

그들은 다시 기도했다. 그때 종족의 추장이 부르짖기 시작했다. 요셉이 직접 그의 기도를 듣고 놀랐다. 왜냐하면 그 추장은 이전에는 주님을 부를 때 '우리의 주님!' 으로 불렀다고 한다. 그런데 그때 그 장소에서 '나의 주님!' 으로 부르면서 통회 자복을 했기 때문이다.

아무튼 그 밤에 추장의 마음이 변화될 뿐만 아니라 은혜의 문이 모든 사람에게 활짝 열렸다. 교회 장로 대부분도 온 마음이 열려 주님과 새로운 경험을 하였다. 요셉은 그 기도 모임에서 학생들을 통해 일어난 성령의 역사는 사도행전의 역사인 것을 인정하고 학생들이 하나님에 의해 쓰임을 받는다고 말했다. 그렇지만 하나님의 강한 역사 속에 사단의 방해가 있으니 조심할 것을 권유하였다.

학생들을 통하여 교회에서 처음으로 성령의 역사가 일어났을 때, 교회 지도자들에 의해 교회에서 사역하는 것이 거절되었다. 그렇지만 요셉의 개입으로 인하여 지역 교회 목회자들이 학생들로 구성된 부흥팀을 초청하여 놀라운 하나님의 은혜를 경험하게 되면서 많은 교회 성도들의 삶이 드라마틱하게 변화되었다. 1973년 10월 14-20일 사이에는 부흥의 불길이 자발적으로 바리오의 여러 마을로 놀랍게 확산되었다.

주일예배에 부흥이 일어나다 _1973년 10월 21일, 주일 오전

바리오 공동 교회 주일 오전예배에 바리오 지역의 여러 마을 교회에서 500명 정도가 모였다. 찬양 후에 국회의원 요셉이 강단에 서서 사도행전 2장에 일어난 오순절 역사에 대한 하나님의 말씀을 전하였다.

"성령의 역사는 우리의 죄를 깨닫게 하여 회개와 화해로 이끄십니다. 진리의 영, 성령님은 우리를 진리와 거룩함 가운데 이

끄십니다. 그분은 우리가 성령의 열매를 맺도록 하십니다. 이 모든 성령의 역사 속에서 예수님만이 높임을 받으셔야 합니다."

성도들은 그들의 죄에 대한 깊은 양심의 가책을 느끼며 큰 목소리로 부르짖었다. 어떤 성도들은 자신의 가슴을 치기도 했고, 어떤 성도는 자신의 손과 주먹으로 바닥을 치기도 했다. 어떤 성도들은 자신의 영혼에 가득한 큰 슬픔으로 인해 몸을 뒹굴기도 했다. 교회 지도자들은 예배를 어떻게 인도해야 할지를 몰랐다. 큰 통곡의 시간이 한 시간 이상 지났을 때 놀라운 고요함이 그들 가운데 찾아왔다. 그들은 하나님의 놀라운 임재를 경험하였다. 이것은 실제적으로 일어났다.

그들은 서로 돌아다니면서 죄 용서를 구하며 포옹하였다. 새롭게 받은 은혜와 기쁨을 나누었다. 하나님은 정말 좋으신 분이신 것을 고백했다. 오후까지 모임이 지속되었지만 어느 누구도 점심을 먹고 싶은 사람이 없었다. 그들은 기도 안에서 교제하며, 서로 간의 그들의 놀라운 경험을 나누기를 좋아했다.

3주 동안 집사학교가 열리다 _1973년 10월 26일 - 11월 17일

집사학교는 교회 집사들을 말씀으로 양육하기 위해 세워진 학교이다. 매년 500명 정도가 모이며, 2-3주간 말씀 집중 교육을 시키는 수련회이다. 주로 오전에는 찬양을 하며 오후에는 그

룹별 성경공부를 하고, 저녁에는 전체 집회로 마친다. 그렇지만 1973년도에는 프로그램이 종종 계획대로 진행되지 않았다. 왜냐하면 하나님의 성령이 모든 찬양하는 시간에 역사하셔서 기도하는 시간이 연장된 것이다. 성령의 역사하심으로 치유와 축사^{deliverance} 등 셀 수 없는 간증이 있었다. 이전에 없었던 예언과 방언, 통역의 은사들이 나타났다. 어떤 사람은 그들의 몸이 강력하게 흔들림을 당하기도 했다. 어떤 사람은 몇 시간 성령 안에서 입신하기도 했다. 멈추지 않은 웃음도 있었다. 많은 교회 지도자들은 주님께 대한 그들의 헌신을 새롭게 했으며 하나님의 거대한 능력을 경험하였다.

수백 명이 들어가는 바리오 지역의 공동 교회 모습. 바리오 지역의 여러 마을 교회들이 주일 오전에 다같이 모여 예배를 드린다. 그런 후 각자 마을에 돌아가 오후 예배를 드린다.

하나님에 대한 열정이 강해서 집사학교가 2주간으로 계획했지만, 일주일 더 연장되었다. 그래서 3주 동안 농사일이 진행되지 않았다. 커피숍이나 가게는 텅 비었다. 병원 환자들이 병원에서 퇴원하여 집사학교가 진행되는 곳에 와서 기도로 치유받기를 원했기 때문에 병원이 텅 비었다. 학교 학생들은 학교 수업을 마치고 수련회에 왔고, 심지어 어떤 학생들은 수업을 빠지면서까지 참석하기도 했다.

> 모든 성경은 하나님의 감동으로 된 것으로 교훈과 책망과 바르게 함과 의로 교육하기에 유익하니 이는 하나님의 사람으로 온전하게 하며 모든 선한 일을 행할 능력을 갖추게 하려 함이라 딤후 3:16-17

하나님은 학생들을 통하여 마을 주민들의 죄를 회개케 하셨고, 그들의 죄를 용서해 주시면서, 기쁨과 평강을 주셨다. 그런 성령의 역사가 일어난 후 3주간의 집사학교를 열게 하셨다. 집사학교에 참석하기 위해 연중 사업 중에 가장 중요한 농사일을 전적으로 하나님께 맡기면서 수백 명의 사람들이 말씀 훈련을 받은 것이다.

1년을 기준으로 일주일에 2시간씩 성경공부를 하면 104시간이다. 그러나 3주일을 밤낮으로 공부를 하면 하루에 10시간을 치더라도 3주일은 210시간이다. 일주일에 2시간 하는 것보다 2배가 많은 시간을 훈련받은 것이다. 거기에다 연속으로 훈련받았으니 얼마나 강도 높은 훈련을 받았는지 알 수 있다.

우리 주변에 하나님의 은혜를 받으려고 여기저기 부흥회와 집회를 좇아다니는 성도들을 가끔 볼 수 있다. 그들이 은혜를 사모하는 것을 존중해야 하지만, 또한 우리는 말씀으로 훈련을 받아야 한다는 것을 알아야 한다. 그런 후에 하나님의 뜻을 이루어 나갈 수 있는 것이다. 주님은 제자들을 부르시고 훈련시켜서 그들을 통하여 부흥을 일으키시고 세계 선교를 이루어 가신다. 부흥은 우리가 주님이 사용할 만한 제자가 될 때 우리 가운데에 더 강하고 놀랍게 일어날 것이다.

부흥의 결실

부흥은 그리스도인들이 첫사랑을 회복하는 것을 의미하며, 그 결과로 불신자들 사이에서도 각성이 일어나서 회심하고 하나님께 돌아오게 되는 것이다.

– 찰스 G. 피니

하나님의 크신 은혜를 받고, 말씀 훈련을 받은 바리오 사람들은 주님의 사명, 곧 복음을 전파하는 사역을 감당하기 시작했다. 마침내 부흥의 불길이 급하고 강한 바람처럼 주변 종족과 다른 지역으로 확산하게 되었다.

복음을 전파하다

1973년 10월 3주간 집사학교를 마친 성도들 가운데 전도의 분위기가 만들어졌다. 부흥을 경험한 학생들 가운데 주님으로부터 구체적인 지시를 받았는데, 바리오 주변에 전도하라는 것이었다. 하나님의 전도 명령이 떨어진 것이다.

바리오 지역 노회장의 축복과 지도 가운데 학생들은 각 팀에 목회자를 한 명씩 배치하여 전도팀을 구성하였다. 그리고 마을 사람들도 놀라울 만큼 많이 자원하여 참여하였는데, 그중에는 문맹인들도 포함되어 있었다. 한 팀에 20-30명으로 구성된 여러 팀이 바리오 주변 클라빗 마을과 다른 소수 종족에게 복음을 전하기 위한 준비가 되었다. 더 나아가 말레이시아 중국계, 인도네시아 칼리만탄 마을, 사바 주 등 여러 종족에게까지 복음을 전파하였다.

하나님이 필요한 것을 공급하시다

전도팀원들은 아주 가난한 사람들이지만 자신들이 필요한 것을 스스로 공급하였으며, 가는 곳마다 주님이 또한 필요한 것을 채워 주셨다. 숙소와 음식, 교통비 등 여러 가지가 공급되었다. 사라왁 주의 중심도시 쿠칭Kuching에 가기 위해 기적적으로 교육부에서 교사들에게 특별 보너스가 주어져 비행기를 타고 쿠칭에 가서 부흥의 소식을 전할 수 있었다.

어떤 팀은 일주일 동안 걸어서 복음을 전파하기도 했다. 정글 트랙을 해야 하기에 수많은 위험이 도사리고 있음에도 하나님은 그들에게 큰 기쁨과 평강을 주심으로 그 일을 감당할 수 있는 힘을 공급해 주셨다. 가는 곳마다 성령의 역사가 일어났다.

많은 사람들이 회개하며 성령의 능력을 경험하였다. 화해의 역사와 육체적인 치유, 영적인 치유, 축사 등의 역사가 일어났다. 마술과 부적 등 악한 행위를 하는 자들이 스스로 항복하고 하나님께로 돌아왔다.

부흥 기간 동안 전도하면서 일어난 많은 기적들을 다 기록할 수 없지만 그중에 몇 가지를 나누고자 한다.

3미터 높이로 뛰는 여자가 치료받다 _1973년 11월 5일 전도여행

어느 전도팀은 도보로 이틀을 걸어서 사촌 종족인 룬바왕 종족의 어느 마을에 도착했다. 성령의 역사는 바리오에 일어났던 것처럼 그들 가운데 일어났다. 사람들이 통곡하면서 자신의 죄를 서로 간에 고백하였다. 많은 사람들이 방언을 하며, 어떤 사람은 다양한 질병으로부터 치유를 받았다. 전도팀이 새벽 5시에 어느 젊은 엄마를 위해 기도하는 도중에 그 엄마가 악한 영에 의해 발작하였다. 강한 남자들의 손을 뿌리치며 집 밖으로 나갔고 땅에서 3미터 높이로 뛰기 시작했다. 그 엄마는 서서히 강가로 가고 있었고, 사람들은 다칠까봐 걱정을 하고 있었다. 그런데 강 쪽으로 가는 도중에 그 엄마는 큰 돼지와 마주치게 되었는데, 갑자기 그 돼지는 몸을 떨면서 바닥에 쓰러져 곧바로 죽었다. 그 순간 그 엄마는 뛰는 것을 멈추고 쓰러졌으며, 조금 후에 잠에서 막 깨어난 사람처럼 일어났다. 그 엄마는 자신에게 무슨 일이 일어났는지 알지 못했다.

원숭이 떼가 강에 빠지다
어느 목사가 간증한 내용이다.

전도여행을 갔었을 때 마술을 행하는 사람을 대적하여 주님의 이름으로 승리를 하였고, 놀라운 하나님의 능력이 나타났다. 특히 군대귀신이 들린 사람이 있었는데, 기도할 때 주변에 있는 원숭이 떼가 강에 빠져 죽고 그 사람은 자유롭게 되었다. 거라사 지역에서 예수님이 군대귀신에 사로잡힌 사람을 자유롭게 하실 때 군대귀신이 나가면서 돼지 떼 2,000마리가 강에 빠지는 일과 유사한 사건이었다.

추장의 아내(마리아)가 천국과 지옥을 보다
어느 전도팀이 전도여행을 갔는데, 평상시처럼 힘찬 찬양과 강렬한 기도를 밤새도록 하였으며 많은 사람들은 하나님 앞에 회개하며 부르짖었다. 어떤 사람은 방언을 표적으로 성령세례를 받는 사람도 있었고, 어떤 사람은 환상을 보고, 어떤 사람은 예언을 하기도 하였다. 또 어떤 사람은 육체의 질병이 즉시 치료되었다. 몇 사람이 추장의 아내 마리아Mary와 함께 성령에 의

산상기도를 주로 하는 산꼭대기에서 필자와 추장의 아내(마리아)와 함께 기도하고 있는 모습. 이곳에서 필자는 열방을 향한 주님의 마음을 느낄 수 있었다.

해 입신되었는데, 다른 사람은 얼마 지나지 않아 일어났는데, 추장의 아내는 이틀 동안 밤낮 깨어나지 않았다. 전도팀원들은 그녀의 안전을 위해 밤낮으로 기도하기 시작했다. 마침내 마리아가 깨어났는데, 그들은 아주 기뻐하였다. 마리아는 마치 자다가 깬 사람 같았다. 그런데 그녀는 주님이 자신에게 천국과 지옥을 보여 주셨다고 간증했다. 이 사건으로 인해 그 마을은 영적 돌파구가 생겼으며 마을 사람들은 주님께 더 열정적으로 다가갔다.

지팡이에서 형광등처럼 빛이 나오다 _1974년 12월 전도여행

어느 전도팀은 인도네시아 칼리만탄 국경 지역에 갔다. 이 팀은 15-20세의 소녀들과 여자들로 구성되어 있었다. 그들이 정글을 통과하여 돌아오는 중에 해가 저물고 밤이 되었는데 그만 랜턴의 건전지가 다 소모되었다. 주변에는 사나운 흑곰들이 살고 있었다. 그렇지만 전도팀원들은 주님이 함께 계시며 성실하셔서 지켜 주실 것을 믿으며 두려워하지 말자고 서로 위로하였다. 그리고 하나님이 그들의 곤경 가운데 도와주실 것을 위해 기도하기 시작했다.

기도하는 중 그들은 어두움이 자기들을 덮고 있지 않다는 것을 느꼈다. 눈을 떠보니 정글의 길이 밝아진 것이다. 그 이유는 그들이 잡고 있던 막대기가 밝아지면서 바른 정글 길을 찾도록 형광등처럼 빛을 발하고 있는 것이었다. 그래서 마침내 자기들의 마을로 안전하게 돌아올 수 있었다.

하늘의 불덩어리가 떨어지다

전도팀이 방문한 어떤 지역에는 팀이 사역을 한 후 그 마을을 떠나고 난 뒤에도 밤낮으로 마을 사람들이 성경을 읽고 기도하기도 하였다. 또 다른 지역은 놀라운 부흥이 일어났는데, 그 지역에서 1985년 7월 21일 어떤 성도가 예언한 대로 하늘에 징조가 주어졌는데, 하늘에서 불덩어리 몇 개가 떨어졌는데 일반 신문에 사진으로 기재되기도 하였다.

1976년 BEM 선교회 연중보고에 따르면 전도팀들의 활약으로 주변 종족들 중에 25개의 교회가 성령의 역사로 엄청나게 하나님의 만지심이 있었고 어떤 지역들은 바리오에서 일어난 부흥처럼 하나님의 부흥을 놀랍게 경험한 곳도 있었다. 산 위의 물이 아래로 내려오는 것처럼 해발 일천 미터에 위치한 바리오에서 일어난 부흥이 주변으로 확산되기 시작한 것이다. 그리고 그 부흥의 결과 많은 사람들이 미신에서 벗어나고 부적을 태우면서 새로운 길 되신 예수님을 발견하게 되었다고 전했다.

> 또 이르시되 너희는 온 천하에 다니며 만민에게 복음을 전파하라 믿고 세례를 받는 사람은 구원을 얻을 것이요 믿지 않는 사람은 정죄를 받으리라 믿는 자들에게는 이런 표적이 따르리니 곧 그들이 내 이름으로 귀신을 쫓아내며 새 방언을 말하며 뱀을 집어올리며 무슨 독을 마실지라도 해를 받지 아니하며 병든 사람에게 손을 얹은즉 나으리라 하시더라 막 16:15-18

바리오 사람들은 하나님의 은혜를 받고, 말씀으로 훈련을 받고, 바로 복음을 전파하기 위해 팀을 구성하여 전도하였다. 순종하여 가니깐 성령의 역사가 일어났다. 기적들이 일어났다. 귀신들이 쫓겨났다. 병든 자가 치료받았다. 이런 기적과 표적은 지금도 복음이 전파되는 곳에 나타난다. 왜냐하면 복음 전파가 너무나 중요하고 긴박한 사역이기 때문이다. 그래서 주님께서 표적으로 나타내신 것이다.

누구든지 복음을 들고 나가면 주님이 함께 계시는 증거들이 나타날 것이다. 우리는 항상 복음 전파의 사역에 열심을 품어야 한다. 그때 하나님의 동행하심이 더 강하신 것을 알게 될 것이다.

10

부흥의 영향

> 부흥은 인위적으로 되지 않지만 하나님이 그의 백
> 성에게 다시 한 번 부흥의 바람을 일으킬 것을 선
> 택하실 때 천국에서 불어오는 바람에 맞추어 우리
> 는 배를 띄우는 것이다.
>
> Revival cannot be organized, but we can set our
> sails to catch the wind from heaven when God
> chooses to blow upon His people once again.
>
> _ G. Campbell Morgan

1973년 부흥 이후 바리오에는 많은 변화가 생겼다. 내면의 변
화가 생기면 외면의 변화가 오는 것은 당연한 것이다. 주님의
역사가 내면에 일어났으니 삶과 사회에 변화가 일어나는 것 또
한 지극히 정상적이다.

교회에 열심히 모이다

바리오 부흥이 시작된 지 35년 정도 지난 뒤 내가 조사한 설
문지에 의하면 100명 중의 28명이 한 주간 교회에 6회 이상 참

석하고, 20명은 5회 이상, 16명은 3회 이상, 17명은 2회 이상, 나머지 19명은 1회 이상이라고 답변했다.

주일 오전에는 바리오에 있는 공동 교회에서 여러 마을 사람들이 모여 수백 명이 예배드리고, 오후에는 마을별로 각 마을 교회에서 예배를 드린다. 그리고 매일 새벽기도로 4시에 모이고, 저녁에 또한 기도회로 모인다.

> 서로 돌아보아 사랑과 선행을 격려하며 모이기를 폐하는
> 어떤 사람들의 습관과 같이 하지 말고 오직 권하여 그 날이
> 가까움을 볼수록 더욱 그리하자 히 10:24-25

새벽기도로 하루를 시작하다

새벽기도는 클라빗 종족 사람들이 농장에 일하러 가기 전에 기도하는 것이 가장 좋다고 선교사들이 권유하였다고 한다. 그래서 글을 아는 사람들이 글을 읽지 못하는 사람들을 위해 성경을 크게 읽고 말씀을 나누고 기도하는 새벽기도회가 시작되어 오늘날까지도 이어지고 있다. 그리고 자신들의 미신, 곧 악한 영들에게 자유하기 위하여 새벽마다 기도함으로 하루의 일을 시작한 것이다.

내가 바리오를 방문하였을 때 관찰해 보면, 주로 남녀 교회

지도자들이 돌아가면서 새벽기도를 인도하는데, 나에게 부탁해서 직접 몇 차례 인도한 적도 있었다. 이들은 새벽 4시경에 일어나 랜턴으로 교회에 가서 기타 반주로 찬양을 하고 성경을 큰 소리로 읽고, 짧게 말씀을 나누고 기도한다.

하늘에서 불이 떨어진 곳에서 기도하다

산상기도는 바리오 사람들이 기도할 조용한 곳을 찾다가 예수님이 산에서 기도한 것을 본받아 산에 올라가 기도를 시작하였다고 한다. 부흥의 역사가 일어나면서 하나님은 기도의 용사

바리오 지역의 마을 교회 중의 하나이다. 마을마다 교회가 있어서 매일 새벽기도부터 시작하여 많은 행사를 갖는다. 교회마다 기본적으로 베이스 기타, 전기 기타, 드럼 등 찬양을 위해 악기가 준비되어 있다.

들을 세우시기 시작하셨다.

그중의 한 명을 만나서 인터뷰를 한 적이 있다. 하나님은 자신에게 글을 깨우치게 해서 성경을 읽도록 해 주셨다고 했다. 그리고 하나님은 기도할 곳을 지정하여 주시면서 어느 다른 성도와 같이 가라고 했다. 자신은 다른 성도에게 거절당할 것을 주저하였으나 순종하여 하나님의 지시를 전했다. 놀랍게도 그 성도가 흔쾌히 기도할 장소로 함께 가 주었다고 한다. 그곳에 도착하여 기도하는데, 하늘에서 불덩어리가 떨어졌다고 했다. 그래서 그곳에 기도 처소가 세워지게 되었고, 누구든지 기도하는 곳이 되었다고 한다. 지금도 그곳에는 한 달에 몇 차례 철야기도회가 열리고 있다.

철야기도를 하다

나는 하늘에서 불이 떨어져 기도 처소가 된 곳에서 철야기도로 모일 때 참석한 적이 있었다. 저녁 8시경 150명 정도의 성도들이 모여서 찬양을 하고, 말씀을 듣고, 성령 안에서 춤을 추며, 올리브 오일을 이마에 바르면서 기도하기도 하였다. 그때 기억에 남는 것은 기도할 때 추장부터 나와 겸손히 무릎을 꿇고 하나님께 기도하는 모습이었다. 그리고 춤을 출 때 피곤에 지친 어느 여전도사가 성도의 권유로 함께 춤을 추다가 입신하는 것도 보았다. 어느 목사가 올리브 기름을 이마에 바르는데, 입신하는 사람들도 많이 있었다. 나는 새벽 2시경 숙소로 돌아왔는데, 다른 성도들은 아침 7시까지 기도회를 하고 집으로 돌아와 아침을 먹고 다시 일하러 나가는 것을 보았다.

열방을 위해 기도하다

내가 바리오에 있는 마을 교회에 방문했을 때, 세계에서 제일 핍박받는 북한을 위한 기도 제목이 적혀 있는 것을 보았다. 교회마다 열방을 위해 기도하고 있는 것이다.

바리오 지역 산꼭대기에 가면 큰 십자가가 세워져 있고 흰 바위가 있다. 처음에 바리오 사람들도 그곳에 와서 기도했다고 한다. 물론 올라가는 길의 경사가 어떤 곳은 50도 정도 되기에 올라가기가 힘들어 중간에 기도 처소가 세워져 있다.

나는 처음에 산꼭대기 십자가가 세워진 곳에 올라가려고 하다가 비가 와서 중간의 기도 처소에서 기도하고 내려온 적이 있었다. 그러다가 다음 방문에 죽을 각오로 산꼭대기까지 올라갔다. 주님이 십자가를 지시고 갈보리 산으로 가시는 것을 조금이나마 느끼는 시간이었다. 그곳에 올라가니 온 세상이 보이는 것 같았다. 그리고 세상을 향한 주님의 마음을 느끼는 듯하였다. 그래서 눈물 흘리며 세계 선교를 위해 기도한 적이 있었다.

바리오에서 비행기를 두 번 바꿔 타고 내가 사역하는 쿠알라 룸푸르 가까이에 위치한 Mines Healing교회에 돌아와 그날 저녁 금요기도회할 때 성도들을 위해 안수기도를 해 주고 싶어서 기도하였는데, 통곡하며 기도하는 성도, 쓰러지는 성도 등 하나님의 강한 임재가 나타나는 것을 보았다. 이런 성령의 역사로 말미암아 개척한 교회가 성장하는 계기가 되었다.

할렐루야 기도원이 세워지다

바리오에 부흥이 일어나면서 그 시기에 영향을 받아 부흥을 경험한 룬바왕 종족의 바 크라란Ba Kelalan 지역이 있다. 그 지역의 성도들은 열방과 민족을 위한 기도에 열심을 다하였다. 1974년 파란Paran이라는 사람은 40명으로 구성된 그룹을 1년 동안 산에 살면서 기도 모임을 인도했다. 그에 따르면 1975년과 1976년에는 놀라운 일들이 생길 것이라는 예언을 하였다. 그의 예언대로 하늘의 기적과 표적, 그리고 초자연적인 빛, 불덩어리 등으로 나타났다. 파란은 예언을 한 후 일어나는 표적들을 통하여 그분이 하나님이시며, 그분이 이스라엘의 하나님이시요, 또한 우리의 하나님이 되신 것을 알아야 한다고 강조했다. 그가 죽기 전에 자신이 죽으면 하나님의 역사를 믿는 사람들이 더 많이 일어날 것이라고 예언했다. 그의 죽음 후에 정말로 더 많은 기도원이 생기며 성도들의 믿음이 더 견고해졌다고 한다.

부흥을 경험한 사람들은 하나님이 이스라엘의 하나님으로만 생각하는 것이 아니라 진정한 자신들의 하나님이신 것을 알게 되었다. 기독교가 서양인의 종교만이 아니라 말레이시아 소수 종족 자신들의 하나님이 되신 것을 확신한 것이다.

바 크라란 지역 사람들이 해발 2,500미터 정도 높이의 무릇 산Mt Murud에서 기도회를 했을 때 바리오 사람들도 4일 동안 정글을 걸어서 참석하였다. 어떤 해는 수천 명의 사람들이 모여 기도하며 기적과 표적을 경험하였다. 모래와 돌, 젖은 이끼까지

할렐루야 기도원

태우는 초자연적인 불이 떨어지기도 했다. 무룻산에 위치한 목재로 만든 기도원은 많은 사람들의 헌신으로 세워졌다. 1992년에는 기도원에 700여 명이 모여 헌당식을 하면서 그곳을 할렐루야 기도원으로 명명하였다. 이곳에서 자신의 가족과 주변 지역만을 위해 기도하는 것이 아니라 전 세계를 위해서 기도한다.

성경을 읽다

내가 조사한 설문지에 의하면 100명 중 18명은 일주일에 성경을 10회 이상 읽고, 24명은 6-10회, 19명은 3-5회, 29명은 1-2회, 나머지 10명은 전혀 읽지 않는다고 답변했다. 60% 이상이 하루에 한번 정도 성경을 읽고 있다는 결과이다.

우연히 웃지 못할 일화를 들었다. 신학교를 막 졸업하고 바리오 지역 어느 마을에 목회자가 왔다가 며칠 되지 않아 보따리를 싸서 교회를 떠났다는 것이다. 그 이유는 자신이 성숙한 성도들 앞에서 감히 말씀을 전하는 것이 부담이 되어 떠났다는 것이다. 나중에 그 목회자는 바리오 지역의 청년부 담당자가 되었다고 한다.

바리오 사람들은 성경을 읽을 뿐만 아니라 성경을 배우고, 설교를 들음으로 하나님의 말씀을 순종한다. 성경의 가르침은 각 개인과 사회에 중요한 가이드라인이 된 것이다.

성경 말씀대로 찬양하라

부흥이 일어나기 전에는 교회에서 손뼉도 함부로 치지 못할 만큼 외형적인 경건을 유지하였다. 그러다보니 청년들은 교회에 오는 것을 지루하게 여기고 교회를 떠나기 시작했다. 그런데 부흥이 일어난 후, 교회에 새로운 변화가 일어났다. 손뼉치며, 모든 악기를 동원하여 연주하며, 춤을 추면서 하나님을 경배하게 된 것이다.

청년들은 성경을 들고 와서 시편에 모든 악기로 찬양하는데 왜 교회에서 기타, 드럼, 키보드 등을 사용하지 못하느냐고 목회자에게 물었다. 어떤 청년은, 다윗은 기뻐서 하나님 앞에서 춤을 추었는데 교회에서 왜 춤을 추지 못하느냐고 물었다. 교역자는 성경 말씀 앞에서 그들의 의견에 반대하지 못하고 수용할 수밖에 없었다. 그래서 오늘날 SIB(Sidang Injil Borneo; 보르네오 복음교단)에 속한 교회들은 악기팀, 찬양팀, 워십팀이 없는 곳이 거의 없을 정도이다. 하나님 앞에서 모든 성도가 뜨겁게 악기로 찬양하고, 목소리로 찬양하며 그리고 몸으로 찬양하고 있다.

> 진리가 예수 안에 있는 것 같이 너희가 참으로 그에게서 듣고 또 한 그 안에서 가르침을 받았을진대 너희는 유혹의 욕심을 따라 썩어져 가는 구습을 따르는 옛 사람을 벗어 버리고 오직 너희의

심령이 새롭게 되어 하나님을 따라 의와 진리의 거룩함으로 지으심을 받은 새 사람을 입으라 엡 4:21-24

돼지에게 진주를 던져 주지 않는 것은 그 가치와 사용 방법을 모르기 때문이다. 하나님은 천국 복음을 주셨기에 과거의 습관과 옛 사람을 벗어버리고 심령을 새롭게 하고 우리의 삶도 새롭게 하여야 한다. 바리오 사람들은 놀랍게 부흥을 경험하고 난 뒤 그들의 삶을 바꾸었다. 삶의 패턴도 바꾸었다. 마음도 새롭게 바꾸었다. 하나님을 경배하는 방법도 새롭게 바꾸었다.

우리에게 주신 하나님의 은혜가 헛되이 되지 않게 하기 위해 열심히 교회에 모이는 것을 힘쓰며, 기도와 말씀으로 행하며, 복음을 전파할 때, 하나님의 부흥은 지속적으로 각 개인과 교회 가운데에 일어날 것이다.

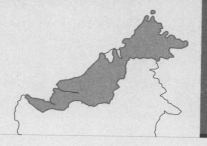

4
Part

변화된 세계관 Worldview

MALAYSIA

기독교의 성장은 예수님 안에 기반을 둔
세계관의 변화와 동반해야 한다.
The growth of Christianity must be accompanied
by a worldview transformation that is rooted in Jesus.

_ *Chris Wright*

11

변화된 신관 View of God

> 모든 진실한 부흥의 가장 위대한 하나의 단면은 하나님의 임재에 대한 독특하고 놀라운(지적이며 도적적인) 감각이다.
>
> The greatest single aspect of every true revival is the peculiar and wonderful sense of the presence of God.
>
> _ Richard Owen Roberts

세계관은 각 개인이 소유하고 있지만 유사한 문화와 환경 등으로 인하여 같은 가족이나 종족 간에 심지어 국가별, 종교별로 비슷한 세계관을 갖게 된다. 이러한 세계관은 외부적인 요소에 큰 영향을 받지만 내면적인 요소에서도 큰 영향을 받는다. 내면적인 확신이나 충격 등으로 자신만의 독특한 세계관이 있어서 그 세계관 곧 가치관에 따라 세상을 살게 된다.

바리오의 사람들은 정령숭배의 문화 속에서 기독교를 접하면서 외형적인 삶의 형태는 변화가 되었으나 내면적인 가치관 곧 미신적인 확신 등에서는 온전히 자유를 얻지 못했다. 그래서 기독교인이지만 부적을 소유하면서 마음의 평안을 가지려고 한 것이다. 그러나 1973년의 부흥을 통하여 그들의 세계관에도 많은 변화가 일어났다. 왜냐하면 이 부흥은 내면적인 변화로 말미암아 외면적인 변화가 일어났기 때문이다. 특히 "하나님은 누구신가"라는 질문, 곧 하나님의 존재에 대한 세계관은 개인 인생과 사회 변화에 엄청난 변화를 가져온다.

하나님은 인격자이시다

바리오 사람들은 기독교 이전에 믿었던 정령숭배에 드라야 Derayah라는 신을 믿었다. 그는 하늘 맨 위에 살면서 인간에게 생명을 준다는 것이다. 그는 인간과 인격적인 관계를 갖지 않고 다만 사자들messengers, 곧 특정한 새, 뱀과 사슴 같은 짐승 등을 통하여 미리 경고를 한다는 것이다. 예를 들면 특정한 새가 하늘로 날아가면 그것을 본 사람은 하던 일을 멈추거나 가던 길을 멈추어야 했다. 그래서 사람들은 그와 인격적인 관계를 맺지 못하고 다만 종이 되어 항상 두려움 가운데 살 수밖에 없다.

그런데 그들이 하나님을 믿고 난 뒤에 부흥을 경험함으로 미신의 종이 되지 않고 다만 살아계신 하나님과 인격적인 교제를 하게 되었다. 하나님은 멀리 계시는 것이 아니라 우리 가까이에 계시며 인격적인 만남이 가능한 분이시다.

하나님은 능력자이시다

그들은 정령숭배 중에 믿었던 '드라야'라는 신이 전능하며 모든 권세가 있고 축복을 준다고 믿었다. 그들은 그가 그의 사자들, 곧 새와 짐승 등을 통하여 다스린다고 믿었다. 그러다보니 여러 미신과 징조로 말미암아 1년에 70일 곧 두 달 열흘 정도를 일하지 못하였고, 만약 누가 곰을 죽이면 온 마을 사람들이 4일 동안 일을 멈추어야 했다. 그리고 사슴의 우는 소리를 들으면 건축 중인 집을 다시 무너뜨리고 다시 건축해야 했었다. 실제적으로 그들의 정령숭배로 인하여 축복을 받는 것이 아니라 저주를 받게 된 것이다. 그들이 믿었던 신의 전능이 그들에게 도움이 되기는커녕 오히려 어려움이 된 것이다. 그래서 그들의 신에서 벗어나기 위해 예수님을 믿게 되었고, 예수님을 통하여 성령의 강하신 역사가 치유로, 축사(逐邪)로, 관계 회복으로, 자유함으로 나타나게 되어 전능하신 하나님을 더욱더 의지하게 되었다. 그들은 하나님의 능력이 능히 그들이 무서워했던 악한 신들로부터 보호할 수 있으며 자신들을 지켜 줄 수 있다고 믿었던 것이다.

하나님은 지키는 자이시다

바리오 사람들은 하나님이 자신들을 돌보시고 지키신다는 것을 확신한다. 하나님이 항상 자신들을 지켜보시고 계신다는 것을 절대적으로 믿고 있다.

기독교로 개종하기 이전의 시기에 바리오 사람들은 영들과 악한 징조, 주문 등에 두려움을 가지고 있었다. 특히, 영들 중에 좋은 영들도 있지만 바루Baru는 하늘, 구름, 농장 등 여러 곳에 거주하며 비록 보이지 않지만 사람들을 판단하여 아프게 하며 해를 끼친다. 그래서 사람들은 늘 두려움 속에 살 수밖에 없었지만 기독교로 개종함으로 그 두려움에서 벗어날 수 있었다.

부흥의 불꽃이 된 이드리스Idris는 바리오 부흥의 주요 인물이며 후에는 말레이시아 항공사MAS가 부도나기 직전에 대표직을 수행하면서 최대의 흑자까지 올린 사람이다. 그리고 나중에는 국회의원이 되어 말레이시아 사회의 변혁을 이끄는 장관이 되기도 했다.

내가 이드리스의 고향집에서 1시간 동안 인터뷰를 할 때 이런 이야기를 했다.

"저는 로마서 8장 28절을 중요하게 여기고 있습니다. 이 구절은 나의 인생에 가장 중요한 구절입니다. 비록 우리가 실수할 수 있지만 하나님은 성실하셔서 우리를 최상의 길로 인도하십니다. 우리가 하나님을 사랑하고, 그리고 우리가 하나님의 부르심을 받았다면 모든 것이 합력하여 선을 이루시는 것입니다. 사

바리오 지역의 한 마을 교회 모습. 클라빗 종족은 모두가 한 교단(SIB)에 소속해 있기 때문에 연합과 결속력이 강하다.

람들이 실패를 두려워할 때, 그들은 그들의 잠재력을 발휘할 수가 없습니다. 그렇지만 저는 하나님을 사랑하면 하나님이 최선을 길로 인도하신다고 믿기 때문에 주어진 일에 최선을 다할 수가 있는 것입니다."

그는 말레이시아 항공사 대표로 있을 때 하나님을 사랑하고 최선을 다함에도 불구하고 부도가 난다면 그것이 하나님이 보시기에 최선의 방법이기 때문에 감사할 수 있다고 했다. 그렇지만 그는 말레이시아 항공사 역사상 최대의 이윤을 창출했으며, 이어서 말레이시아 국회의원과 장관이 되었다. 이처럼 하나님은 우리를 돌보시되, 세상 끝까지 함께하신다.

하나님은 심판자이시다

바리오 사람들이 새와 동물들의 나쁜 징조를 보면 하던 일과 가던 길을 멈추는 것은 그들이 믿는 신의 심판 혹은 저주를 두려워하기 때문이었다. 부부가 나쁜 징조omen를 보면 이혼해야 했고, 아이를 낳은 부모가 나쁜 징조를 보면 아이를 버려야 했다. 이렇게 해야 그들이 믿는 신의 저주에서 벗어날 수 있는 가장 좋은 방법이라고 생각했다.

그들이 기독교를 받아들인 이유는 기독교의 하나님이 그들의 신보다 강하다고 믿었기 때문이다. 특히 예수 이름으로, 그런 악한 영들이나 나쁜 징조에서 자유롭게 되리라 믿었다. 이전에는 보기도 두려워했던 짐승을 이제는 사냥을 하여 요리를 해서 먹는다. 이제 그들은 그들이 믿었던 신의 심판에서 자유하여 전지전능하시며 공의로우신 하나님의 심판을 두려워할 뿐만 아니라 십자가의 사랑으로 죄를 용서하시는 하나님을 믿고 있다.

하나님은 임재하신다

티단Tidan이라는 성도는 하나님의 임재를 음성으로, 환상으로, 수많은 기적으로 경험했다고 간증했다. 하루는 자신의 이름을 부르는 소리가 세 번이나 들렸다. "내가 너를 사용하기를 원하노라!"고 말씀도 하셨다고 한다. 그때 자신의 머리 위에 계신 그분을 보았는데, 흰 옷을 입고 계셨다고 한다. 하나님은 여러 방법으로 우리 가운데 임재하신다.

국회의원이며 장관이 된 이드리스는 자신이 하나님과의 관계를 이렇게 설명했다.

"저는 종교적인 사람이 아닙니다. 저는 식사 전에 항상 기도하지도 않지만, 하나님께 진실한 기도를 합니다. 반복적인 것이 반드시 좋은 것만은 아닙니다. 저는 종교적인 형식에서 벗어나기를 원합니다. 하나님은 저와 함께 계실 때에 저에게 말씀하십니다. 하나님과 함께 시간을 보낼 때 저는 하나님의 친밀함을 느낄 수 있습니다."

그는 영국에 유학 중인 아들과 전화로 대화하면서 1시간씩 기도해 주는 아빠이기도 하였다. 하나님을 종교적인 의식으로 함께하는 것으로 생각하는 것이 아니라 이들은 하나님과의 긴밀한 관계를 통하여 하나님의 임재를 느끼고 있는 것이다.

총회장을 역임했던 그라왓Gerawat 목사는 성령의 역사가 사람들에게 끼친 영향을 이렇게 설명했다.

"사람의 행동은 예수님의 죽음을 이해함과 성령의 능력으로 변화되었습니다. 성령의 능력이 없을 때는 비록 예수님을 믿었지만 헌신이 없었습니다. 그런데 성령의 세례와 성령 충만으로 말미암아 그들은 정말 진지하게 하나님께 헌신하게 되었습니다. 그들은 악한 영을 예수님의 이름으로 대적했고 마침내 악한 영으로부터 자유롭게 되었습니다. 그들은 성령의 인도하심을 받게 됨으로 놀랍게 변화가 된 것입니다."

하나님의 영이시며 예수님의 영이신 성령님께서 그들에게 임하셔서 역사하심으로 그들은 하나님의 임재를 가까이 그리고 강하게 느낌으로 행동까지도 바뀌게 된 것이다.

하나님은 삼위로 계신다

성경에는 삼위(성부, 성자, 성령) 하나님이 계신다. 믿음의 초보자는 삼위일체 하나님이 혼동될 수도 있다.

말레이시아에 온 한국 손님을 모시고 이슬람 사원에 구경하러 간 적이 있었다. 거기에서 일하는 사람이 한국어로 된 코란을 가지고 열심히 이슬람을 설명하였는데, 코란에 하나님은 성부, 성자, 성령으로 나눌 수 없다는 내용을 보이면서 나를 개종시키려고 시도하는 것이었다.

인간적인 지식과 이해로는 결코 삼위일체의 개념을 이해하지 못한다. 다만 하나님을 깊이 알고 만날 때 조금이나마 삼위 하나님을 알 수가 있을 것이다.

바리오 사람들은 삼위 하나님에 대한 어느 정도 이해를 하고 있었다. 왜냐하면 그들의 미신 속에 삼위의 개념이 그림자처럼 있었기 때문이다.

비록 서로 연결이 선명하지는 않지만, 그들이 믿었던 신 드라야^{Derayah}는 그의 전지전능의 신성이 성부에, 인류와 모든 우주를 창조한 구마^{Guma}는 성자에, 영인 바루^{Baru}는 성령에 맞추어 이해할 수 있었을 것이다.

그들의 오래된 미신 속에서 그림자처럼 삼위의 개념이 있었기에 아마도 쉽게 삼위의 하나님을 받아들일 수가 있었다고 본다.

> 바울이 아레오바고 가운데 서서 말하되 아덴 사람들아 너희를 보니 범사에 종교심이 많도다 내가 두루 다니며 너희가 위하는 것들을 보다가 알지 못하는 신에게라고 새긴 단도 보았으니 그런즉 너희가 알지 못하고 위하는 그것을 내가 너희에게 알게 하리라 우주와 그 가운데 있는 만물을 지으신 하나님께서는 천지의 주재시니 손으로 지은 전에 계시지 아니하시고 또 무엇이 부족한 것처럼 사람의 손으로 섬김을 받으시는 것이 아니니 이는 만민에게 생명과 호흡과 만물을 친히 주시는 이심이라 ^{행 17:22-25}

세상의 수많은 사람들이 신을 알지도 못하면서 그 신을 위해 살고 있다. 아덴 사람들처럼 바리오 사람들도 인격적인 관계도 없으면서 자신들의 모든 삶을 모르는 신에 구속되어 노예처럼 살았다. 그러나 살아계시고 역사하시며 함께 계시는 하나님을 만나면서 마음과 삶, 공동체가 변화된 것이다.

사도행전 17장 22-25절을 살펴보면 사도 바울은 몇 가지 분명한 신관을 가지고 있다.

첫째, 하나님은 천지만물을 지으신 창조주이시다.

둘째, 창조주는 사람이 지은 전에 계시지 않으신다.

셋째, 하나님은 부족하지도 않으시며 사람의 섬김을 받으시
지도 않으신다.

넷째, 하나님은 천지의 주재이시다.

다섯째, 하나님은 만민에게 생명과 호흡과 만물을 주신다.

오늘날 많은 사람들은 하나님을 자신의 생각에 가두고 자신이 원하는 방식으로 하나님을 인식하는 듯하다. 우리는 하나님을 자신의 생각이라는 박스 속에 가두지 말고, 하나님의 크신 임재 안에 우리의 생각의 폭을 넓혀야 한다. 그렇게 할 때 하나님의 존재가 더 크게 우리에게 다가올 것이다.

변화된 인간관 View of Man

> 부흥을 자극하기 위해 가장 필요한 것은 하나님 앞
> 에 부드러우며 열린 마음이다.
>
> The most essential commodity for stimulating
> revival is a tender, open heart before God.
>
> — Francis Frangipane

　"인간은 누구인가?"라는 질문은 우리 모두의 질문이기도 하면서 철학적인 질문이다. 각자 나름대로 정의하며, 철학자들도 여러 각도에서 정의를 내리고 있다. 그럼에도 불구하고 어느 누구도 그 대답을 스스로 찾을 수가 없다. 왜냐하면 인간은 하나님의 형상과 모양으로 창조되었기에 하나님을 알지 못하고는 인간을 이해할 수가 없기 때문이다. 우리 각 개인이 하나님의 임재 앞에 설 때, 마침내 인간을 이해할 수 있다. 우리가 누군지를 알 때 우리의 삶의 방향과 가치를 발견할 수 있다.

　구원의 조건은 무엇인가?

하나님이 그분의 형상과 모양으로 인간을 창조하셨다. 인간의 범죄로 말미암아 하나님으로부터 떠나게 되었고, 사망에 이르게 된 것이다. 여기에서 하나님이 인간을 구원하시기 위한 조건에 중요한 부분이 있다.

1) 예수님을 믿는 믿음인가?

2) 교회의 성도로서 바른 신앙생활인가?

3) 세상에서 선한 행위를 하는 것인가?

바리오 사람들은 구원을 받기 위해 예수님을 믿어야 하는 것에 대해 절대적으로 확신한다. 그러나 그 믿음이 단지 마음으로만 믿는 것이 아니라 행함으로 나타나야 한다고 생각한다.

"구원을 받기 위해 우리가 할 것은 아무것도 없다"라는 질문에, 100명 중에 29명이 '강한 동의'을 선택하고 2명이 '약한 동의', 8명은 '잘 모름', 14명은 '약한 부정', 나머지 47명은 '강한 부정'을 선택하였다. 그들의 대답은 믿음이 있으면 행함이 있어야 한다는 것이다.

그래서 60% 이상이 구원을 받기 위해 인간이 무엇인가를 해야 한다고 답변한 것이다. 선행을 행하며, 세례를 받으며, 교회에 십일조를 하는 것 등이 믿음 있는 자의 기본적인 행위라고 본 것이다. 그들의 궁극적인 구원을 위해 예수님 안에 있는 믿음이 중요할 뿐만 아니라 그들의 구원을 위한 종교적인 실천 또한 중요한 것이다.

바리오 성도들을 관찰하여 보았는데, 그들은 정말 자신들의 일과 교회에 성실하고 근면하였다. 열심히 일하는 사람을 좋아하고 게으른 사람을 싫어했다. 자녀들에게도 늘 열심히 할 것을 가르쳤다. 그래서 근면하고 성실하는 것이 바리오 사람들의 성격이 되었다.

그들이 예수님을 믿었을 때, 종교 실천에 열심이 있었는데 주일에 일하지 않고 교회 참석하는 것, 세례를 받는 것, 수입의 십일조를 교회에 내는 것 등이었다. 어떤 사람은 말하기를 바리오 사람은 자신들이 믿었던 정령숭배의 미신을 금지한 후에 기독교 미신 곧 신율법주의를 따르고 있다고 할 정도로 종교적인 행위를 중요하게 여기고 있다고 한다. 나의 관찰에 의하면 그들은 비록 새벽기도나 여러 교회 행사에 행하는 종교적 행위에 열심히 최선을 다하지만 예수님 안에서, 성령 안에서 영적인 자유를 즐기고 있었다.

구원의 확신은 있는가?

"주일에 교회에 나가지 않아도 구원을 받는다"라는 질문에, 답변은 100명 중 35명은 강한 동의, 12명은 약한 동의, 22명은 '잘 모름', 18명은 '약한 부정', 나머지 16명은 '강한 부정'을 선택하였다. 결론적으로 바리오 사람들에게는 주일에 교회 나가는 것은 너무나도 중요한 종교적 행위라는 것이다. 비록 그들이 예수님을 믿음으로 구원을 받는다고 믿지만 주일에 교회에 출석하는 것은 구원을 위한 필요한 종교적 행위라고 이해하는 것이다.

나의 연구를 많이 도와준 나올Naol은 구원의 확신은 성경에서 나온다고 했다. 그는 야고보서 2장 26장을 언급하면서 성도의 믿음은 결코 행위에서 분리될 수가 없다고 했다. 그들의 종교적 행위의 중요성은 강하게 그들의 믿음 안에 뿌리가 내려져 있다.

오늘날 교회에서 예수님에 대한 믿음을 강조하다보니 교회 생활이나 사회에서 믿음의 선행을 행하는 것이 약화되는 것 같다. 어느 교단에서는 성도들이 십일조를 하지 않으면 성도의 권리를 주지 말자고 하는 주장까지 나오고 있는 형편이다. 다시 중세교회로 돌아가자는 것이 아니라 우리의 순수한 믿음 위에 아름다운 믿음의 열매들이 맺어야 된다고 본다. 그 나무는 열매로 안다고 했는데, 풍성하고 좋은 열매를 많이 맺어 하나님께 인정받는 믿음이 되어야 되겠다.

인간은 죄악성을 가지고 있는가?
바리오 사람들에게 "인간이 태어나면서 죄악성을 가지고 있으며 악한 행동에 대한 욕망이 있다"라는 질문에, 100명 중에 47명은 '강한 동의', 17명은 '약한 동의', 10명은 '잘 모름', 12명은 '약한 부정', 나머지 14명은 '강한 부정'을 선택했다. 67%가 인간은 태어나면서 죄악성을 가지고 있으며 죄를 행하고자 하는 욕망이 있다고 동의했다. 그런 반면 26%는 부정하고 있다.

바리오의 부흥이 일어났을 때 그들을 자신들의 죄를 통곡하며 바닥에 구르면서 회개했다. 그들은 새 생명을 얻었고, 하나님의 사랑과 기쁨, 평강을 누리게 되었다. 어느 누구도 죄가 없다고 하는 사람은 아무도 없을 것이다. 그렇지만 그들이 죄 용서함을 받았을 때는 하나님의 성령이 거하시는 의인이요, 하나님의 자녀가 된 것이다. 죄인으로 태어났지만 주님을 믿음으로, 성령의 역사로 죄에 더 이상 좌우되는 것이 아니라, 하나님의 선을 행하는 열정이 충만해진 것이다.

바울은 자신을 죄인의 괴수라고 자칭하면서도 하나님의 사도인 것을 강조하면서 하나님의 위대한 일을 이루어 나갔다. 어떻게 보면 성도들이 죄를 철저히 회개하는 것도 중요하지만 너무 죄의식에 사로잡혀 자신이 의인이 된 것에 대한 자의식이 부족한 듯하다. 우리는 죄인의 괴수로서 십자가 앞에 서면서 동시에 하나님의 의인이며 하나님의 대사로서 강하고 담대한 가운데 성령의 인도하심으로 선한 일을 열심히 이루어 나아가야 한다.

성경적 도덕 기준을 가지고 있는가?

"모든 세대는 성경적인 도덕 기준을 지켜야 한다"라는 질문에, 100명 중에 71명은 '강한 동의', 14명은 '약한 동의', 12명은 '잘 모름', 2명은 '약한 부정', 1명은 '강한 부정'을 선택했다. 이들의 85%가 성경이 인간의 도덕적 기준으로 지켜야 할 것을 인정한다. 바리오 사람들은 성경적 도덕성이 각 세대 모든 사회에 지켜야 할 기준이 된다는 것이다.

마을 추장인 아간 Agan은 바리오 부흥을 이렇게 설명했다.

"사람들은 주님에 대한 두려움 때문에 진지하게 교회로 나왔습니다. 많은 기적들이 부흥 시기 동안 일어났습니다. 그들의 믿음이 사람들에게 일어난 기적들로 인하여 향상되어 동기부여 되었습니다. 분명히 그들 가운데 큰 사랑이 있었습니다. 진실한 사랑은 부흥 시기 동안 강했습니다. 문제가 일어나면 자신들 스스로 주 안에서 사랑으로 해결하기에 고소고발이 없었습니다."

클라빗 전체 종족 추장은 부흥이 일어나기 전에는 각 마을마다 고발고소가 많아 재판을 하기 위해 다녔지만 부흥 시기 몇 년 동안 고소고발이 없어 집에 있는 시간이 많아졌다고 하였다.

내가 경험한 것은 바리오 사람들은 한 가족처럼 결속력이 강하였고, 어른은 아이들을 부를 때 아들이라고 부르고, 서로 간에는 사촌으로 불렀다. 원래 서로 간의 도덕성도 높았을 것이다. 그러나 정령숭배로 말미암아 잘못된 미신으로 자신들의 도덕성을 지키지 못하다가 예수님을 믿고, 성령의 치유하심으로 그 도덕성이 다시 세워진 것이다. 바리오 경찰서를 방문해서 어떤 범죄 신고가 있는지 질문한 적이 있었다. 그런데 범죄 신고는 없고 가끔씩 토지 문제 때문에 시비가 생긴다고 했다.

오늘날 미국에서는 동성결혼을 헌법이 인정하고, 사업을 하기 위해서는 거짓말을 할 수밖에 없는 현대에 우리는 살고 있다. 성경 기준에 따른 도덕성이 땅에 떨어지고 있는 상황에서 우리는 성경을 하나님의 불변하는 말씀으로 인정하여 인간 사회의 도덕성을 회복해야 할 것이다. 누구를 미워해서 그런 것이 아니라 사랑하기에 하나님이 모든 인간을 위해 세우신 도덕 기준을 존중하며 따라야 한다.

> 내가 이미 얻었다 함도 아니요 온전히 이루었다 함도 아니라 오직 내가 그리스도 예수께 잡힌 바 된 그것을 잡으려고 달려가노라 형제들아 나는 아직 내가 잡은 줄로 여기지 아니하고 오직 한 일 즉 뒤에 있는 것은 잊어버리고 앞에 있는 것을 잡으려고 푯대를 향하여 그리스도 예수 안에서 하

나님이 위에서 부르신 부름의 상을 위하여 달려가노라

빌 3:12-14

예수님을 믿고 구원을 받는다는 것은 모든 성도들이 아는 진리이다. 그러면, '믿는다' 는 내용의 뜻은 무엇인가?

1) 구원을 받기 위해 스스로 결정하여 예수님을 믿는 것을 의미하는가?

2) 죄를 용서하시기 위해 십자가에 죽으시고 죽음에서 3일 만에 다시 살아나신 예수님을 믿는 것을 의미하는가?

3) 예수님과 함께 이미 스스로 십자가에 죽었으니 이제 그리스도께서 내 안에 사시는 것을 믿는다는 것인가?

예수님을 믿는다는 것은 위의 모든 내용을 포함한다고 볼 수 있다. 그러나 분명한 것은 사도 바울은 이미 얻은 것도 아니고, 온전히 이룬 것도 아니라고 한다. 아직 잡은 줄로 여기지 아니하며 지나간 것은 잊어버린다고 한다. 다만 예수님이 잡으신 것, 예수님이 걸어가신 길, 예수님의 승리, 예수님의 영광을 쫓아 달려간다고 고백한다. 하나님이 예비하신 상을 받기 위해 예수님을 푯대로 하여 달려가야 한다.

우리는 예수님을 믿어서 구원을 얻었기 때문에 세상에서 여유 있게 믿음 생활하면 된다는 생각을 버려야 한다. 예수님처럼, 바울처럼, 우리는 그분들이 걸어가신 발자취를 따라 달려가야 한다. 현실에 안주하는 것이 아니라, 미래에 안주하는 것이 아니라, 매순간 예수님 안에서 예수님처럼, 바울처럼 믿음으로 최선을 다해 달려가야 하는 것이다.

바리오 지역의 한 마을의 모습이다. 이 마을에서 필자가 UPM대학교에서 공부할 때 도와준 UPM대학교 교수 손 라두가 태어나 자란 곳이다.

13

변화된 사회관 View of Society

부흥의 열매와 사회의 변혁을 유지하기 위해서 교
회는 개종시키는 것을 넘어서 개종자들이 성숙할
수 있도록 도와야 한다.

In order to preserve the fruit of revival and
transform society, the church must move beyond
making converts and give its attention to bringing
converts to maturity.

_ *Mark Shaw*

"인간은 사회적 동물이다"라는 아리스토텔레스의 명언의 의
미는 인간은 사회를 세워 더 높은 삶의 질을 누리며, 더 이상적
인 세상을 만들어가는 존재라는 뜻이다. 하나님은 사람을 그의
형상과 모양으로 창조하셨기에, 사람은 서로 무리를 지어, 연합
하고, 공동체의 삶을 추구하는 것은 지극히 자연스러운 일이다.
하나님의 형상과 모양으로 창조된 인간이 사회를 만들어서 하
나님의 나라를 세워 하나님을 영화롭게 하는 것이 당연하다는
것이다.

그렇지만 오늘날 사회는 인간의 존엄성이 떨어지고, 하나님의 말씀 권위도 떨어져 마치 동물이 사회를 만들어 자신의 욕심을 이루는 세상이 되고 있는 듯하다. 바리오 사람들은 기독교를 받아들이고, 부흥을 경험하고 나서 그들의 사회는 놀랍게 변화되어졌다.

종교적 행위는 사회 번영과 어떠한 관계가 있는가?

"종교적 행위가 개인과 사회 번영에 기여하는가?"라는 질문에 100명 중 80명이 '강한 동의', 16명이 '약한 동의', 2명은 '잘 모름', 나머지 2명은 '약한 부정'의 답변을 선택했다. 바리오 사람들은 기도와 예배, 십일조 등과 같은 종교적 행위가 개인과 사회의 번영에 기여한다고 확신하고 있다. 클라빗 종족의 추장인 잉맡Ngimat은 기독교 행위를 통하여 사회에 공헌을 할 수 있다고 주장한다.

"만약 우리가 기독교인이 아니라면, 그리고 만약 우리가 기도하지 못했다면, 우리는 많은 것을 성취하지 못했을 것입니다. 우리의 건강도 건강하지 못했을 것입니다. 그러나 우리는 이미 기독교인이 되었기에 오늘날 잘 될 수가 있었습니다."

그들은 기도의 응답을 믿었기에 그들의 농사와 자녀, 지도자, 교회 등 그들이 당면하는 모든 문제에 대하여 기도했다. 그들은 하나님이 전체 사회와 우주를 통치한다고 믿었다. 하나님이 그들의 왕이시며 사회의 진실한 지도자로 믿었다. 현재 변호사이며 SIB교단의 법률 고문이 된 오샅Osat은 바리오 사람들이 다른 종족 사람들보다 더 지적이라고 믿지 않으며 다만 하나님이 그들을 축복했다고 강조했다. 부흥이 일어났을 때 학교 교사였다가 목사가 된 솔로몬Solomon은 바리오의 부흥을 통하여 하나님에 의해 형성된 세계관에 의해 새로운 것에 대한 수용력으로 놀라운 성취를 이루어냈다고 주장했다.

하나님의 권위를 인정하는 지도자가 되라

"사회의 지도자가 하나님의 권위를 인정하는 가운데에 사람들을 인도해야 한다"라는 질문에 100명 중 73명은 '강한 동의', 18명은 '약한 동의', 3명은 '잘 모름', 4명은 '약한 부정', 2명은 '강한 부정'으로 답변을 선택했다. 91%가 사회 지도자는 하나님의 권위를 인정해야 한다고 했다.

기독교가 바리오에 유입될 때 사회 지도자들이 반응하면서 자연스럽게 사회 지도자가 영적 지도자의 역할을 같이 감당하였다. 바리오에는 전체 종족 추장이나 지역 추장, 마을 추장은 기본적으로 교회 성도이며, 교회 집사로서 영적 지도자 역할을 감당하고 있다. 이들은 종족 안에서 자신들의 법을 가지고 재판을 집행할 수 있는데, 재판하기 전에 먼저 하나님께 기도하고 재판을 시작한다. 그들은 사회의 법보다 우주를 다스리는 하나님을 더 두려워하는 것이다.

부흥이 일어났을 때, 많은 사람들이 죄를 사람들 앞에 고백하는 시간이 있었다. 그때 한 사람이 일어나 자신의 동생을 죽였다는 것이다. 그것을 듣는 순간 모든 사람들은 놀랐다. 그리고 사회 지도자들이 모여 의논하기를 하나님이 용서하셨는데, 우리도 용서하자고 결론을 내렸다고 한다. 오늘날 사회를 보면 하나님은 용서하시지만 사람은 용서하지 못하는 경우가 너무나 많다. 물론 죄를 지으면 거기에 마땅한 벌을 받아야 한다. 그렇지만 범법자에게 벌을 주는 것은 새로운 기회를 주고자 하는 것인데 처벌을 받고 난 후에도 그들은 평생 죄인으로 손가락질을 받으며 사는 것이 오늘날의 모습이 아닌가 생각한다. 하나님의 권위를 인정하는 사회가 바로 건강한 사회가 된다.

사회는 개별적인 죄악에 책임이 있는가?

"사회가 개별적인 죄악에 대한 책임성을 가져 한다"라는 질문에, 100명 중 49명이 '강한 동의', 17명이 '약한 동의', 21명이 '잘 모름', 6명이 '약한 부정', 7명이 '강한 부정'의 답변을 선택했다. 67%가 사회는 개별적인 죄악에 대해서 책임이 있다는

데 동의하고 있다.

　바리오 사람들은 각 개인의 행동에 강한 책임성을 가지고 있다는 것을 나는 관찰할 수 있었다. 사회의 공동사업에 대해서도 아주 적극적으로 동참하는 강한 가족 공동체를 유지하고 있다. 수백 명이 모이는 주일 오전예배에 참석을 하였는데, 누가 앞에 나가서 전체 앞에서 자신의 죄를 고백하는 것을 보았다. 그런 후 목회자가 나와서 교회 지도자들과 함께 그 사람을 위해 특별히 기도해 주는 것이었다. 여호수아가 아이 성에서 패배한 이유는 아간의 범죄가 원인이 되었다. 이것은 개인의 죄악이 전체 공동체에 영향력을 끼친다는 것이다.

　바리오에는 지금도 기도하는 용사들이 있다. 어느 날 그들이 기도하는 중에 바리오 어느 마을에 우상이 들어온 것을 환상으로 보았다는 것이다. 그래서 그 마을의 집에 찾아가 보니 중국계 말레이시아 사람이 거주하고 있었는데 불교 우상을 들고 바리오에 들어온 것이었다. 그래서 그들은 우상을 제거하였다고 한다. 하나님은 공동체에 작은 죄악을 유심히 보신다. 농장의 작은 여우를 잡아야 하듯이 공동체를 무너뜨리는 작은 죄악을 찾아 해결할 때 그 공동체가 건강할 수 있는 것이다.

사회 의식rituals과 문화를 지켜야 하는가?

　"각 개인은 기독교 믿음에 방해가 되지 않는 한 사회의 의식과 문화를 존중해야 한다"라는 질문에, 100명 중 79명이 '강한 동의', 15명이 '약한 동의', 5명이 '잘 모름', 1명이 '약한 부정'의 답변을 선택했다. 94%가 사회의 의식과 문화를 각 개인의 믿음에 해를 끼치지 않으면 지켜야 한다는 것이다.

　학교 교장인 루시Lucy는 "기독교는 노예제도를 멈추게 했고, 교육은 사회 계층의 변화를 가져왔다"라고 하면서 클라빗 종족의 사회에서 기독교와 교육의 중요성을 강조했다. 기독교는 정

필자가 딸 정한영이와 같이 바리오를 방문했을 때, 많이 도와주었던 학교 교장 루시와 함께 부흥 기념비에서 사진을 찍다.

령숭배로부터 자유를 얻게 되었고 교육은 대대로 내려오는 신분제도를 붕괴시켰다는 것이다. 왜냐하면 교육을 통해 성공하여 경제적 부가 생기면 새로운 사회의 중요한 신분이 된다는 것이다.

종족 추장인 잉맡Nigmat은 기독교의 유입으로 인하여 클라빗 종족의 전통문화가 변화되었다고 주장했다. 클라빗 종족의 전통의식은 자녀를 낳았을 때 부모의 이름을 바꾸는 '이름 바꾸기changing names' 의식과 막걸리Borak 문화가 있었다. '이름 바꾸기' 문화는 모든 정령숭배적인 요소를 제거하고 기독교적인 요소를 접목하여 변화된 새로운 전통문화를 창조하였다. 그렇지만 막

필자의 바리오 부흥 연구에 많은 도움을 주었고, 필자를 아들처럼 환영해 준 클라빗 종족의 추장 잉맡 아유(오른쪽)이다. 그는 직접 바리오 부흥을 경험하였다.

걸리 문화는 사회의 악으로 제거하였다. 클라빗 종족은 기독교의 진리를 중심으로 문화를 정제하는 작업을 한 것이다.

지금은 기독교 문화가 새롭게 만들어졌다. 예를 들면 새벽기도, 저녁기도, 부흥회, 부활절, 크리스마스, 어머니의 날과 아버지의 날, 생일파티 등 많은 행사를 하는데, 모두가 기독교식으로 기도로 시작하여 말씀을 듣고 필요한 행사를 진행한다.

그래서 오늘날까지 그들은 기독교의 믿음 안에서 그들의 오래된 문화를 유지하며, 또한 새로운 문화를 창조하여 사회 문화로 지키고 있다.

> 그런즉 누구든지 그리스도 안에 있으면 새로운 피조물이라
> 이전 것은 지나갔으니 보라 새 것이 되었도다 고후 5:17

예수님을 통하여 우리의 마음도 새로워지고, 우리의 생각도 새로워지고, 우리의 삶도 새로워지는 것이다. 그리고 더 나아가 우리의 인생, 우리의 문화, 우리의 사회까지도 주 안에서 새롭게 된 피조물이 된다. 하나님은 부흥을 통하여 거룩한 말씀과 성령의 역사로 우리의 세계관을 변화시켜서 거룩한 사회를 만드시기를 원하신다. 이것이 바로 하나님의 나라를 이 땅에 임하게 하는 방법이다.

바리오 지역은 논농사로 유명하다. 크기와 향이 독특한 쌀로 이 지역에서만 생산되고 있다.

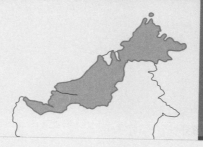

사회 변화

MALAYSIA

부흥은 개념이 아니라 연속적인 경험이다.
부흥은 '부흥' 을 광고하는 3일간의 행사가 아니다.
지성의 상태가 아니라, 어떤 지역의 도덕적
분위기를 강렬하게 변화시키는 지속적인 충격의 상태이다.
그 지역에서 사람들의 생각 방식이 바뀌는 것이다.
서로 간의 관계하는 사람들의 방법이 바뀌는 것이다.

Revival is a perpetual experience, not a definition.
Revival isn' t a three-day event that we advertise as "Revival".
It' s not a state of mind, but rather a state of perpetual impact
that drastically changes the moral climate of an area.
The way people think in that region changes.
The way people treat each other changes.

_ Chad Taylor

14
사회 변화의 일반적인 요인

부흥은 거리 위에서 우리를 기다린다.
Revival is waiting for us on the streets.
_ Chad Taylor

오늘날 사회는 급격하게 변화되고 있다. 그 이유는 산업화의 발전, 정보통신의 발전, 생명공학의 발전, 국제화 등 다양한 요인들이 있다. 그리고 근본적인 변화는 각 개인의 가치관이 변화되면 사회의 가치성 또한 변화될 수밖에 없다. 외부적인 사회 환경이 내면의 가치관에 영향을 줄 수 있지만 내면의 가치관이 외부의 사회에 더 큰 영향을 줄 수 있다. 바리오 사람들은 기독교 부흥을 통하여 내면의 가치관이 변화되어 사회 변화의 중요한 요인이 된 경우이다.

기독교가 사회를 변화시킨다

"클라빗 사회 변화의 요인이 기독교이다"라는 질문에, 100명

중 95명이 '강한 동의'이고, 나머지 5명은 '약한 동의'에 답변을 선택했다. 곧 100%가 클라빗 종족의 사회 변화의 원인이 기독교라고 동의하고 있는 것이다.

클라빗 종족의 사회 변화의 요인으로 기독교, 학교 교육, 정부, 서양 문화, 클라빗 종족, 자신들 등으로 생각할 수 있으나 설문지를 통하여 기독교가 가장 중요한 사회 변화 요인으로 나왔으며, 이어서 학교 교육, 정부 등으로 나왔다. 말레이시아 인류학자들 중에 클라빗 종족의 사회 변화의 원인으로 학교 교육에 비중을 두지만, 내가 연구한 결과에 의하면 기독교가 학교 교육보다 우선한다는 것을 발견할 수 있었다. 클라빗 교회를 연구해 보면 교육은 기독교와 거의 비슷한 시기에 들어왔다. 그러나 교육은 기독교의 영향력 아래에서 소개되었다. 바리오 부흥의 점화 역할을 감당한 변호사 오삿Osat은 사회 교육보다는 기독교의 중요성을 강조하였다.

"저는 하나님이 클라빗 종족에게 복을 주셨다고 믿습니다. 우리 부모들의 기도로 우리는 복을 받고 있습니다. 저는 기독교와 교육이 우리 사회에 중요한 영향력을 끼쳤다고 생각합니다. 그렇지만 하나님이 교육을 통하여 클라빗 종족에게 복을 주셨다고 확신합니다. 제가 믿기로 클라빗 종족의 사회 변화는 우리와 함께 계신 하나님의 임재가 가장 큰 원인이라는 것입니다. 저는 클라빗 종족이 다른 종족보다 월등히 똑똑하거나 지적이라고 생각하지 않습니다. 다만 하나님의 특별한 목적 때문에 우리에게 복을 주셨다고 생각합니다."

이 외에도 1929년부터 최근까지 사역한 BEM 소속 허드슨 사우스웰Hudsdon Southwell도 그의 책 『Uncharted Waters』에서 기독교에 의하여 클라빗 사회가 변혁되었다고 아래와 같이 주장하였다.

> 클라빗 종족 가운데에 나타난 주요한 변화는 하나님이 어둠의 권세로부터 그들을 자유하게 함으로 시작되었다. 클라빗 사람들이 복음 메시지의 진실성을 보고 경험하면서 그들은 이것이 단순한 문화의 변화가 아니며, 새로운 종교 행위의 배움도 아니며, 새로운 사람의 위대한 선생을 따르는 것도 아니고, 새로운 국가에 충성하는 것도 아니고, 모든 인류를 창조하신 하나님을 믿는 산 믿음이라는 것을 인식하게 된 것이 사회 변화의 출발점이 되었다. (1999, p. 250)

교육이 사회를 변화시킨다

나는 바리오 초등학교와 중학교를 방문하였는데 그들은 학교 수업하기 전에 꼭 기도하는 시간을 가졌다. 그리고 학교 내에 기독교 서클이 있어서 열심히 모여 성경 말씀을 배우며, 기도하는 것을 보았다. 나도 그 모임에 참석하여 설교한 적이 있다. 학교를 방문했을 때 그 지역 노회장을 역임했던 목사가 그 학교 경비원으로 일하면서 기독교 서클을 인도하고 있었다.

바리오 지역 학교들이 국립학교이기 때문에 교육부의 지도를 받게 되어 있다. 학교 내에 무슬림 학생도 있기에 교육부에서는 무슬림 교사를 보내 이슬람 교육을 시키게 하였다. 그런데 이 교사가 놀란 것은 학교가 기독교에 의해 진행되는 기도하는 학교였던 것이다. 그래서 학교가 속한 주 교육부에 이런 상황을 알리려고 보고서를 올렸다. 그리고 주 교육부에서는 어떠한 상황인지 파악하기 위해 조사를 하였다. 교장부터 모든 선생들은

바리오 지역의 중심지역 모습이다. PC방, 식당, 상가 등이 열려 있다.

바리오 지역 학교들이 처음부터 기독교 학교처럼 기도하는 학교인 것을 알렸다. 그런 일이 있은 후 지금까지 주 교육부에서 아무런 연락이 없다고 한다. 주 교육부에서 바리오 지역 학교들은 기독교로 시작된 학교인 것을 인정한 것으로 보인다.

바리오 중학교를 방문하여 전 교장의 간증을 들었다. 미리^{Miri} 도시에 있는 중학교에서 말썽을 많이 일으키는 무슬림 학생이 있었는데, 부모가 일부러 바리오 중학교로 전학시켜서 자신의 아이를 변화시키려고 했다는 것이다. 그래서 그 학생은 전학하였고 많은 변화가 일어났다고 한다.

하나님은 일반 사회 교육을 통하여 바리오를 축복하신 것이다. 먼저, 영국인에 의해 통치를 받을 때는 소수 종족의 특혜로 말미암아 바리오 출신의 교사들이 많이 발굴되었고, 그들을 통

바리오 지역의 PC 방 모습이다.

하여 클라빗 종족 거주 지역에 학교들이 세워졌다. 그리고 믿음의 교사들이 있는 학교들을 통하여 그 종족의 새로운 세대들이 교육을 받아 세상을 변화시키기 위해 세상으로 보냄을 받는 복의 통로가 되었다.

정부가 사회를 변화시킨다

클라빗 종족 추장 잉맡Ngimat은 종족의 사회 변화의 요인으로 정부가 중요한 역할을 한 것을 강조하였다.

"사라왁 주 정부는 종교의 자유를 우리에게 주었습니다. 주 정부는 소수 종족을 존중하며 그들의 종교와 문화를 인정해 주었습니다. 만약 사라왁 주 정부 지도자가 우리 소수 종족들을 존중해 주지 않았다면 클라빗 종족도 기독교 부흥에 의한 사회 변화를 경험하지 못했을 것입니다."

사라왁 브루크 정부는 BEM 선교회가 사역할 수 있는 기회를 제공해 주었다. 이반족을 중심으로 하다가 클라빗 종족과 무룻 종족을 선교하려고 할 때 클라빗 주변 지역을 다스린 아처Archer는 선교사들이 클라빗 종족과 무룻 종족에게 복음을 전하는 것을 금지하였다. 그렇지만 선교사들이 그 종족을 변화시키는 것을 보고 허락하였다.

1945년에는 일본군과 싸우기 위해 영국 군대가 바리오 지역에 온 적이 있다. 바리오에서 전투는 벌어지지 않았지만 주변까지 일본군이 쳐들어온 것이다. 아무튼 이때에도 영국 군인들을 통하여 바리오 지역이 오히려 발전하는 계기가 되었다. 이후 사라왁 주 정부는 시골 지역 발전을 위해 많은 지원을 해 주었다.

결론적으로 정부는 클라빗 사회의 발전에 기여를 하였지만 그들의 내면에 대해서는 어떠한 영향력을 발휘하지 못한 것이다. 그렇지만 정부가 기독교를 믿게 허락해 준 것이 바리오 사람들에게는 크신 하나님의 복을 받은 것이다.

SIB교단 총회장을 역임한 그라왓Gerawat 목사는 클라빗 종족의 성공을 세 가지로 제시하였다.

첫째, 그들의 부모로부터 많은 격려를 받았다.

둘째, 그들 자신의 성공을 위한 강한 열정이 있었다.

셋째, 열심히 일해야 한다는 기독교의 가치관을 가졌다.

그들은 열심히 일하지 않으면 좋은 결과가 없다는 것을 확실히 믿었던 것이다. 그들 자녀 중에서 시내에 공부하러 가면 부모만 격려하는 것이 아니라 마을 사람들이 다함께 모여서 기도하며 그들에게 격려의 말을 한다는 것이다. 어떤 사람은 자신의 성공은 부모의 기도라고 말하기도 했다. 그리고 클라빗 종족은 성실 근면한 것이 종족의 특징이 되었는데 오랫동안 정령숭배로 인해 묶여 있다가 기독교를 통하여 문화적으로, 영적으로,

자유롭게 됨으로 그들의 성실함이 열매를 거두게 된 것이다.

> 이는 한 아기가 우리에게 났고 한 아들을 우리에게 주신 바
> 되었는데 그의 어깨에는 정사를 메었고 그의 이름은 기묘
> 자라, 모사라, 전능하신 하나님이라, 영존하시는 아버지라,
> 평강의 왕이라 할 것임이라 그 정사와 평강의 더함이 무궁
> 하며 또 다윗의 왕좌와 그의 나라에 군림하여 그 나라를 굳
> 게 세우고 지금 이후로 영원히 정의와 공의로 그것을 보존
> 하실 것이라 만군의 여호와의 열심히 이를 이루시리라
>
> 사 9:6-7

하나님이 우리에게 주신 분은 예수 그리스도이시다. 그분은
평강의 왕이시며 그의 나라를 굳게 세우고 군림하며, 영원히 정
의와 공의로 보존하신다고 말씀하고 있다. 인류 역사상 수없이
많은 왕들과 통치자들이 있었다. 그러나 어느 누구도 영원히 다
스리는 자는 없었다. 우리의 왕이 되신 예수님은 과거와 현재,
미래에도 영원히 통치하신다. 지금도 예수님은 열방을 통치하
고 계신다. 예수님이 어떻게 열방을 통치하시는가? 사람을 부르
시고 그들의 마음을 새롭게 해서 그들을 통하여 다스리는 것이
다. 예수님의 통치로 말미암아 우리가 속한 나라와 열방 또한
변화가 일어날 것이다.

15

사회 변화의 기독교적 요인

> 부흥은 바로 인간의 손과 마음 안에 나타난 예수님
> 의 불타는 사랑의 직접적인 표현이다.
>
> Revival is only a direct manifestation of the
> burning love of Jesus displayed in human hands
> and hearts.
>
> _ Chad Taylor

하나님은 이 땅을 성령으로 다스리신다. 성령은 특정한 사람
들에게 기름 부어 주시고, 그들의 입술을 통하여 하나님께 구하
도록 하시고, 그들의 세계관을 바꾸시고, 그들을 통하여 교회를
새롭게 하신다. 바리오 지역은 하나님의 통치가 성령으로 이루
어진 좋은 사례이다.

성령을 부어 주시다

사도행전 2장에 초대 교회 성도들이 성령의 기름 부음을 경험
한 것처럼, 클라빗 종족 또한 그들의 사회를 급진적으로 변화시
킬 수 있었던 주요 요인은 성령으로 충만한 것이었다. 클라빗

종족의 족장인 잉맡 아유Ngimat Ayu는 자신이 경험한 부흥을 이렇게 표현하였다.

"1973년에 성령의 기름 부음은 먼저 중학생 가운데에 일어나서, 각 마을의 모든 사람들에게 확산되어졌습니다. 그들은 말을 하지 못하고 다만 울면서 오랫동안 자신들의 죄를 용서해 줄 것을 기도했습니다. 그들은 날마다 모여서 기도하되 5분만 기도하는 것이 아니라 몇 시간씩 연속으로 기도하였고 날이 질 때까지 멈추지 않고 기도했습니다. 그들은 성령의 인도하심으로 방언 기도하며 그들 중에는 많은 사람들이 질병 치유를 받았으며, 어떤 사람들은 입신하여 몇 시간씩 있기도 하였습니다."

SIB교단의 총회장 출신 거라왓Gerawat은 클라빗 종족의 과거 영들에 대한 개념이 비록 잘못되었지만 영적인 부분에서 오히려 성령을 통하여 하나님과 교통하도록 돕는 역할을 한 것 같다고 한다. 내가 클라빗 지역에서 그들을 관찰할 때 성령에 민감한 모습을 볼 수 있었는데, 그들은 하나님이 성령님을 통하여 그들에게 말하며, 병든 자의 치유를 위해 기도하며, 성령을 통하여 다양한 은사, 곧, 방언, 예언, 치유, 방언 통역 등의 현상을 보았다.

클라빗 바리오 사람들은 하나님의 임재 곧 성령의 임재를 경험한 것이며 더 나아가 하나님이 성령을 통하여 그들 가운데 거하시는 것을 확신한 것이다. 그들은 또한 질병 치유와 축사, 성령의 은사 등을 포함한 기적과 표적을 본 것이다. 그러므로 기도와 기독교 세계관, 교회, 선교사가 그들에게 영향을 준 것 이상으로 성령의 기름 부음은 그 사람들의 기독교적인 삶과 인격에 전반적인 영향을 끼친 것이다.

기도하다

클라빗 사회는 기독교에 영향을 받은 그들의 세계관에 의하여 변화되었다. 하나님에 대한 그들의 세계관은 정령숭배와 정령숭배적 믿음의 얽매임에서 그들을 자유롭게 하였다. 그 결과 그들은 살아계신 하나님께 기도할 수 있게 되었고, 마침내 이 기도가 사회 변화의 필수적인 부분이 되었다. 특히, 그 지역에 일어난 부흥을 통하여 그들의 기도는 더 깊어지게 되었다. 클라빗 종족 부흥의 첫 도구로 사용된 말레이시아 장관 이드리스 잘라Idris Jala는 1973년에 일어나 부흥에 대하여 이렇게 회상하였다.

"부흥이 일어났을 때 우리의 기도는 이전에 형식적으로 하던 기도와는 현저히 달랐습니다. 제가 믿기로는 주님이 클라빗 거주지에 있는 바리오 중학교 학생들로부터 시작하여 우리 가운데에 큰일을 행하셨습니다."

설문지 응답자 중의 98%는 그들이 기도할 때 하나님이 들으신다고 반응했다. 내가 바리오 지역을 방문했을 때 그들은 새벽기도, 저녁기도, 철야기도, 산상 기도 등 다양한 방법으로 기도하는 것을 관찰할 수 있었다.

클라빗 출신 대학교수 모리스Morris는 "기독교의 복음이 클라빗 종족 가운데 없었다면, 현재의 클라빗 종족은 존재하지 못했을 것입니다. 왜냐하면 기도를 통하여 클라빗 종족은 성공할 수 있었기 때문입니다"라고 기도를 강조했다. 클라빗 종족의 족장 잉맡은 기도의 능력을 이렇게 설명하였다.

"부흥이 중학교 학생들을 통하여 시작되었고, 그들은 학교수업을 마친 후에는 기도하기를 좋아했습니다. 기도는 그들에게 아주 중요한 부분이었습니다. 그들은 하나님을 찬양하며 기도하였습니다. 비록 그들이 어렸지만, 어떻게 기도해야 할지 잘 알고 있었습니다. 심지어 학생들의 특이한 행동을 어떤 사람들은 싫어하기도 하였습니다. 중학교 교장이 수업에 방해된다고 기도를 금지시킬 때 학생들은 그 교장을 위해 기도하였고, 교장은 자신이 가지고 있던 부적을 버리고 온전히 회개하고 예수님을 믿고 새로운 믿음의 삶을 사는 역사도 있었습니다. 알콜중독이나 담배중독에 걸린 사람들을 찾아가서 전도하지는 않고 다만 기도만 하는 데도 그들이 회개하기도 하였습니다."

클라빗 종족은 어떤 특정 행사들, 예를 들면 생일파티, 아버지의 날, 어머니의 날, 결혼식과 장례식 등에서 그들은 꼭 기도하는 순서가 있다. 또한 개인, 혹은 종족이 어려운 일에 직면하거나 중요한 결정을 할 때 하나님의 뜻을 구하기 위해 기도한다. 기도는 클라빗 종족의 삶에서 중요한 부분이 된 것이다.

말씀 중심의 기독교 세계관을 갖다

기독교가 클라빗 종족에게 들어오기 전 그들은 종교성이 많아서 정령숭배에 충실하였고, 악한 영의 위협으로 말미암아 그들이 어둠의 세력으로부터 자유롭기 위해 성실히 기도하였다. 그런데 1973년에 일어난 부흥으로 말미암아 예수님의 이름으로 그들의 기도는 정령숭배 때 기도하는 것보다 더 열심히, 더 강하게, 더 길게, 더 깊게 기도하게 되었다. 클라빗 종족의 한 교회의 장로 마틴 폴Martin Paul은 그 사회 가운데 기독교로 인하여 영향을 받은 클라빗 세계관의 영향력을 이렇게 설명하였다.

"클라빗 사람들은 쌀로 막걸리Borak를 자주 만들어 마시는 데, 종종 남녀구별 없이 알콜중독에 빠지기 때문에 주식으로 먹는 쌀까지 충분하지 못했습니다. 그래서 아기의 젖이 부족하면 막걸리를 주어서 영양실조에 걸리기도 했습니다. 그들이 기독교인이 되기 전에는 정령숭배를 했기 때문에 징조나 주문 등이 널

리 시행되었습니다. 예를 들면 길을 걷거나 밭에서 일할 때 어느 특정한 새나 동물을 보게 되면 그들의 가던 길과 하던 일을 멈추어야 했습니다. 만약 그들이 그런 징조를 보고도 일을 지속적으로 하거나 길을 계속해서 가면 죽을 것이라고 믿었습니다. 그래서 3일 만에 갈 수 있는 거리도 이런 징조 때문에 한두 주씩이나 걸렸습니다. 그렇지만 이들이 기독교인들로 개종된 후에는 이런 징조가 나타나면 예수님의 이름으로 기도하고, 가던 길이나 하던 일을 지속적으로 하게 되었을 뿐만 아니라 오히려 이런 특정 동물을 사냥하게 되었습니다."

클라빗 종족은 선교사들과 목회자들의 설교와 가르침에 의해서 기본적인 기독교 교리를 배웠다. 클라빗 사람들은 지역 교회들이 주일과 평일에 운영하는 기도와 예배, 찬양 사역 등 다양한 교회 활동에 참석하였다. 이들은 교회에 모일 때마다 성경을 읽고 기도하는 시간이 있기 때문에 기본적인 기독교 교리를 배우게 된 것이다. 특별히 선교사들이 방문할 때는 교회에 모이는 횟수가 많아지고 성도들도 많이 참석하여 하나님의 말씀을 배웠다.

내가 그 지역을 방문하여 2주일 동안 머물면서 주일 대예배(300-500명)와 지역별 예배(50-80명), 날마다 새벽 기도회 등에서 일곱 번이나 설교한 경험이 있었다. 클라빗 족장 잉맡 아유는 인터뷰에서 선교사들의 사역을 이렇게 회상하였다.

"제가 어릴 적에 클라빗 사람은 기독교에 대하여 이미 들었습니다. 우리는 호주에서 온 선교사들을 알았고, 그중 한 명은 보르네오 복음주의 선교회BEM 소속인 사우스웰Hudson Southwell이였습니다. 이 외에 다른 선교사들도 클라빗 종족 지역에 찾아왔습니다. 그 당시에 클라빗 사람들은 기독교를 수용하는 사람은 거의 없었습니다. 그리고 2-3년 후 1934년, 인도네시아에서 크리스천과 선교사협회C&MA 소속인 미국 선교사들이 전도하러 오기도 하였습니다. 이 후에 사우스웰 선교사는 라와스Lawas 지역에 학교를 열고, 클라빗 사람들은 아이들을 그 학교에 보냈습니다."

클라빗 종족은 기독교로 개종한 후에 기독교적인 의식들을 행하게 되었다. 특히 1973년 이래로 부흥의 기간 동안 개인들과 사회의 변혁transformation을 경험하는 계기가 되었다. 그 원인 중의 하나가 선교사들과 목회자들의 성경 교육(설교, 강의 등)을 통하여 형성된 기독교 세계관이라 할 수 있다.

교회 중심으로 생활하다

1940년 중반에 클라빗 사회가 기독교로 개종한 후에 지역 교회는 사회의 종교적 중심의 역할을 하게 되었다. 그렇지만, 종교적인 의식과 전통에 의존하는 기존의 교회에서 젊은이들이 관심을 잃고 교회를 떠나게 되었으나 1973년 이후의 부흥 기간 동안에는 지역 교회들의 활동이 영적이며, 자유롭고, 흥분되며, 진지하였기에 젊은이뿐만 아니라 여러 사람들로 가득 차게 되었다. 성도들은 자신들의 시간과 헌금, 은사를 사용하여 교회 활동에 적극적으로 헌신하였다. 1973년 당시 일어난 부흥에 직접적으로 관여하여 부흥의 문을 연 영적인 지도자 요셉 발랑 Joseph Balang은 클라빗 종족이 속한 동말레이시아에서 복음주의 교단 중에서 가장 큰 SIB의 특징을 이렇게 묘사하였다.

"SIB는 1973년에 일어난 바리오 부흥 시기에 은사적인 교회가 되었지만, 이 부흥이 일어나기 전에는 은사적인 분위기가 교회에 드물었습니다. 사람들은 종종 나에게 'SIB가 은사적인 교단이냐 아니면 복음주의 교단이냐' 라고 묻습니다. 그러면 나는 '둘 다' 라고 대답합니다. SIB는 기도하고 찬양할 때 은사적인 면이 강한 반면에 교리와 말씀 부분에는 성경의 권위를 절대적으로 인정하는 보수주의 혹은 복음주의 교단입니다."

클라빗 지역 교회의 성도들은 하나님께 힘써 물질을 드린다. 클라빗 지역 노회장 출신 시란 발라Siran Bala는 "각 지역 교회는 목회자의 생활을 책임지고 있으며, 성도들이 주일에 십일조와 감사헌금 등 교회에 헌금을 기꺼이 드립니다"라고 하였다. 그리고 클라빗 종족 지역 교회들의 조직은 목사, 장로, 집사, 교회 성도들로 잘 조직화되어 있으며, 교회의 연중, 월중, 주중의 모든 사역 계획들이 잘 세워져 있다. 내가 지역 교회에 참석하였을 때, 예배 후 클라빗 종족의 족장이 사회 활동에 대한 전체적인 광고를 하는 것을 보면서, 지역 교회가 사회의 중심적인 역할을 하고 있는 것을 알 수 있었다.

그리고 아버지의 날은 교회에서 대대적으로 하는데, 그 지역의 전체 행사로 진행되는 것을 보았다. 모든 종족 사람들은 모두 교회에 출석하고, 모든 교회는 SIB 곧 같은 교단에 속해져 있어 함께 동역하는 분위기가 잘 되어 있다. 사회와 교회가 분리되지 않을 정도로 서로 연관되어 있다. 지역 교회들은 각 자의 역할을 잘하면서 그들의 사회 공동체를 효과적으로 이끌고 있다.

선교사의 역할은 무엇인가?

선교사들과 목회자들은 클라빗 거주지에 기독교를 가르쳐 주기 위해 호주와 미국, 인도네시아, 다른 종족에서 왔으며, 이들은 분명히 클라빗 사회를 변화시키는 데 많은 공헌을 하였다.

1930년, BEM 소속 선교사들, 곧 사우스웰Southwell와 케리Carey Tolley, 데비드슨Davidson이 호주에서 동말레이시아 사라왁 주에 있

필자가 바리오 공동 교회에 방문했을 때, 아버지의 날 행사를 하고 있었다.

는 클라빗 지역 주변으로 찾아왔다. 사우스웰은 현지인들을 양
자로 삼아 양육하였고, 데비드슨은 일본이 말레이시아를 공격
하여 식민지화시킬 때 사라왁 쿠칭에 있는 전쟁 포로수용소에
서 붙잡혀 있다가 순교를 당하기도 하였다.

　아무튼, 그들은 클라빗 종족이 정령숭배의 믿음과 종교 행위
에서 자유하게 하기 위하여 예수님을 전하였으며, 더구나 클라
빗 종족이 기독교 사회를 세울 수 있도록 기도하는 것과 성경
읽는 것을 가르침으로 큰 도움을 주었다. 선교사들은 또한 개인
위생관리, 건강한 생활에 대해서도 가르치며 클라빗 사회가 발
전하도록 필요한 지식을 제공하였다.

아버지의 날 행사 모습

  그렇지만, 1973년에 부흥이 일어났을 때, 그 지역에서 부흥을
인도하는 특별한 선교사나 목회자가 없었을 뿐만 아니라 부흥
이 일어난 지역에서 장기간 거주하며 사역한 어떤 선교사도 없
었다는 것이 특이한 경우이다. 그들은 일반적으로 성경을 가르
치기 위해 단기간 방문하였는데, 그 예외로 폴 선생Teacher Paul은
인도네시아에서 신학교를 졸업하고 클라빗 종족에 초대 초등학
교 선생으로 와서 클라빗 아내를 맞이하고 자녀를 낳으면서 교
육 사업과 교회 사역을 하면서 죽을 때까지 섬겼다. 클라빗 SIB
교단의 바리오 지역 노회장 게리쉬Gerish 목사는 선교사들의 사
역에 대하여 이렇게 설명하였다.

"폴 선생은 클라빗 종족 가운데에 초대 교사로 와서 사람들의 믿음을 강화시켰으며, 대부분의 BEM 선교사들은 클라빗 지역을 정기적으로 방문하여 기독교의 가르침을 전파하였습니다."

선교사의 역할은 복음을 듣지 못한 사람들에게 복음을 전파하며, 믿는 성도들이 교회를 세우도록 도우며, 현지 교회의 부족한 것을 섬기며, 현지 교회들이 하나님의 부흥을 경험하여 세상을 변화시킬 수 있도록 돕는 사역이라고 본다.

> 어떤 사람에게는 성령으로 말미암아 지혜의 말씀을, 어떤 사람에게는 같은 성령을 따라 지식의 말씀을, 다른 사람에게는 같은 성령으로 믿음을, 어떤 사람에게는 한 성령으로 병 고치는 은사를, 어떤 사람에게는 능력 행함을, 어떤 사람에게는 예언함을, 어떤 사람에게는 영들 분별함을, 다른 사람에게는 각종 방언 말함을, 어떤 사람에게는 방언들 통역함을 주시나니 이 모든 일은 같은 한 성령이 행하사 그의 뜻대로 각 사람에게 나누어 주시는 것이니라 고전 12:8-11

하나님은 바리오 지역을 변화시키기 위해 선교사를 보내 주시고, 성령으로 사람들에게 부어 주셔서 각종 각양의 은사를 주셨다. 교육받을 수 있는 기회를 통하여 바리오의 사람들에게 교육을 시켜서 종족을 변화시키게 하시고, 나아가 말레이시아를 변화시키시는 것을 볼 수 있다. 성령께서 우리에게 적당한 은사를 주셔서 우리를 통하여 우리가 속한 지역과 국가, 열방을 변화시키고자 하신다. 우리는 그분의 뜻을 깨닫고 믿음으로 반응해야 한다.

그리고 한 지체가 모든 몸의 기능을 할 수 없다. 다만 한 지체의 기능만이 할 수 있다. 하나님의 나라에서 머리되신 예수님을 중심으로 우리의 각자의 위치에서 선교사로, 목사로, 장로로, 집사로, 성도로서 역할을 감당하며 사역할 때 하나님은 하나님의 일을 이루어 나가실 것이다.

16

사회 변화의 영역

부흥은 연합을 요구한다.
Revival will demand unity.

_ *Chad Taylor*

하나님은 성령의 역사를 통하여 바리오 지역을 전반적으로 변화시키셨다. 그 변화의 영역은 총체적이지만 몇 가지로 나누어 보면 인격의 변화, 정치 패턴의 변화, 경제생활의 변화, 의식과 문화의 변화, 교육의 변화 등으로 볼 수 있다.

인격이 변하다

기독교는 클라빗 종족의 인격을 기독교인의 인격으로 변화시켰다. 교사에서 목사가 된 솔로몬에 의하면 클라빗 종족은 항상 웃으면서 인사하는 예의, 서로 긴밀하게 협력하는 모습이 있으며 조상으로부터 물려받은 다양한 문화유산(음식문화, 놀이문화, 의식문화 등)으로 많은 부분에서 특별하다고 한다. 특히, 오늘날

이 종족은 교육과 전문적인 영역을 통하여 사회를 발전시키는 데 성공적인 역할을 한 자부심을 가지고 있다. 그들은 인격이 탁월하다. 특히 자신들의 행동에 대해서 강한 책임감을 가지고 있다.

교장으로 퇴임한 무사Musa는 자기 종족의 자유에 대하여 "선한 것을 행하며 선한 것을 생각하는 자유"로 설명했다. 일과 생각에 대하여 바른 자유 개념을 적용하는 것은 그들의 성공에 큰 도움이 된 것이다.

미국 브란데스Brandeis대학교에서 박사 논문으로 클라빗 종족의 문화에 대하여 연구한 앰스터Amster는 기독교가 그들에게 새로운 정체성을 강화시켜 주었다고 주장하면서 "기독교의 정체성이 결국 클라빗 종족의 정체성과 합치게 되었다"(1998)고 강조했다.

조상으로부터 내려온 그들의 강한 성격과 열린 성격이 기독교의 영향을 받아 더욱더 성숙하고 적극적인 성격을 갖게 됨으로 개인과 가정, 사회까지도 더 높은 단계로 이끌게 된 것이다.

정치 패턴이 바뀌다

기독교의 부흥은 클라빗 종족의 정치 패턴에도 영향을 미치게 되었다. 그들은 자연과 사람, 정부를 포함한 모든 것을 다스리는 분은 바로 왕 중의 왕이신 하나님이시라는 믿음을 가지게 된 것이다. 이런 믿음은 기독교 세계관으로 형성되어졌다. 일반적으로 정부의 도움을 의지하는 사람이 있지만, 그들은 기독교 영향을 받은 그들의 세계관에 따라 하나님이 오히려 정부를 다스리신다고 믿는다.

정부는 종족 추장과 지역 추장, 마을 추장에게 어느 정도의 월급을 주면서 정부의 일을 마을이나 지역, 종족의 추장에게 맡긴다. 그들은 세금 수납과 재판, 프로젝트, 선거 등 다양한 일을 담당한다. 대다수의 정치 지도자들은 교회의 지도자이기 때문에 먼저 믿음으로 문제를 해결하고자 한다. 정치 지도자와 교회 지도자는 구분이 된다. 그러나 하나님 앞에서 동등한 것을 인정하며 사회에 문제가 있을 때 기도한 후 서로 의논하여 문제를 해결하는데, 법정보다도 교회에서 먼저 해결을 하고자 한다.

그래서 클라빗 종족의 정치 패턴은 가장 이상적이고 자연스러운 정교일치에 가깝다고 볼 수 있다. 주로 교회 지도자가 정치 지도자가 될 가능성이 높다. 왜냐하면 종족 대다수가 교회 성도이기에 교회 성도가 곧 사회 지도자를 선택하기 때문이다. 그래서 교회 지도자를 바르게 세우는 것이 그들에게는 아주 중요하기에 SIB교단에서 필요한 가이드라인을 세워놓았다.

"지도자는 하나님 앞에 확고한 믿음을 가져야 하며 또한 겸손과 자기 통제를 할 수 있는 사람이 되어야 한다. 미리 생각하며 계획을 세울 수 있어야 하며 그의 목표를 달성하기 위해 다른 사람들을 설득할 수 있어야 한다. 자신과 자신의 계획을 하나님의 절대 통치권 앞에서 순복해야 하며 다른 사람들을 실망시키지 말아야 한다. 그리고 어떠한 어려움이나 시험을 이길 줄 알아야 한다."

말레이시아 전 수상 마하티르는 이슬람과 기독교에 대하여 비교하면서 이슬람이 기독교보다 월등한 이유는 정치와 종교가 하나이기 때문이라고 했다. 민주주의에는 정치와 종교를 분리하고 있는데, 서로 갈등 구조로 가는 것이 아니라 전문적인 구조로 가야 한다는 것이다. 종교는 사회의 영적인 부분을 이끌어가며 사회의 영적인 지도자를 많이 배출해야 한다. 그리고 정치는 영적으로 뛰어난 지도자들 배출하여 사회를 잘 지도하며 이끌어가도록 해야 한다. 정치와 종교는 분리가 아니라 구분되어야 한다. 그러면 정치와 종교가 서로 발전하여 건강한 사회를 세울 수 있을 것이다.

경제생활이 바뀌다

하나님은 바리오에 좋은 날씨와 평지, 풍성한 자원을 주셨다. 그렇지만 그들이 정령숭배와 미신에 사로잡혀 하나님이 주신 일반 은총을 누리지 못하였다. 그렇지만 기독교의 유입과 부흥의 역사, 곧 하나님의 특별 은총으로 인하여 그들이 묶인 미신에서 자유롭게 됨으로 일반 은총을 풍성히 누리게 된 것이다.

경제생활에서 그들은 기독교 이전에는 비록 벼농사, 넓은 대지, 야생 동물, 소금 등 풍부한 자원을 가지고 있었지만 악한 징조와 주문, 악한 영으로 인하여 미신에 매여서 마음껏 일하지 못함으로 가난할 수밖에 없었다. 복음으로 이런 징조와 주문, 악한 영에서 벗어남으로써 마음껏 일할 수 있게 되어 사회 전반적으로 경제적인 성장이 이루어지게 되었다.

그들은 농사와 농장을 운영해서 수입을 얻고 관광으로 오는 외국인과 외부인을 통해서 관광 수입을 올린다. 그리고 또 다른 큰 수입원은 자녀들이 도시에서 부모들에게 보내는 용돈이라고 볼 수 있다. 비록 산꼭대기에서 살고 있지만 소형 비행기를 전용기처럼 사용하고 있다. 그 이유는 다양한 수입원이 있기 때문에 가능한 것이다.

SIB기독교 교단 총회장까지 역임한 그라왓[Gerawat]은 클라빗 종족의 세계관이 그들의 경제에 미친 영향을 이렇게 설명하였다.

"하나님은 그들의 정직성으로 인하여 그들의 농장과 일을 축복하십니다. 주변 다른 종족과 비교하면 우리는 더 많은 복을 받았습니다. 하루에 밥을 세 번 먹지만 간식까지 포함하면 다섯 번을 먹습니다. 바리오에는 풍성한 음식이 있습니다. 특히, 바리오 쌀은 세계에서 제일 좋은 쌀 중의 하나로 알려져 있습니다. 담배를 피우지도 않고 술을 마시지도 않습니다. 우리는 돈을 관리하는 지혜를 가지고 있습니다. 자녀들은 도시에서 돈을 벌어 부모들에게 보내줍니다. 비록 규칙적인 수입이 많지는 않지만 비행기를 타고 다닐 수 있는 돈이 있습니다."

내가 바리오 쌀을 먹어 보았는데, 향기 좋고, 쌀알이 작아서 아주 맛이 있었다. 말레이시아 술탄(왕)도 바리오 쌀을 먹고 있

노인(여자)들이 전통 춤을 추는 모습. 예배 때에 워십 댄스로 찬양을 하기도 한다.

다고 한다. 어떤 사람이 고산지에 위치한 바리오에서 생산되는 쌀을 지대가 낮은 다른 곳에 심어 보았는데, 바리오의 쌀처럼 향과 맛이 나지 않았다고 한다. 이것은 하나님이 특별한 고산지 대를 바리오 사람들에게 주신 것이다. 클라빗의 경제는 기독교 에 의해 영향을 받은 그들의 세계관과 밀접한 관계가 있다. 기 독교를 통하여 경제적인 발전을 이룬 것이다.

의식과 문화가 바뀌다

클라빗 종족은 자신들의 전통의식이나 행위, 곧 예술, 춤, 노 래, 구전 등을 재정립하였다. 그 종족의 의식rituals과 문화는 기

매년 하는 클라빗 종족의 전통적인 음식 축제 모습.

독교가 들어옴으로써 기존의 정령숭배의 배경에서 행한 악한 영들의 요소는 제거되고, 기독교 방식으로 바뀌게 되었다. 성경의 가르침에 대적하는 문화나 의식은 과감하게 제거되거나 수정되었다. 그렇지만 성경에 부합한 기존의 문화 곧 전통적인 것은 계승하고 있지만 성경에 위배되는 전통문화는 기독교 방식으로 바뀌었다. 예를들면 종족의 전통 장례식을 두 번 행하던 문화가 기독교 장례예배로 대체되었다.

'이름 바꾸기Changing name' 의식은 기독교의 영향을 받은 세계관에 의해 수정되었다. 그들은 전통의식의 하나로 좋은 돼지의 간을 얻기 위해 돼지들을 도축하는 것을 멈추었고, 대신에 돼지고기를 음식으로 먹기 위해 돼지를 도축하고 있다. 솔로몬 목사는 기독교로 이루어진 클라빗 새로운 문화를 이렇게 소개하였다.

"기독교는 새로운 문화를 가져왔습니다. 먼저, 우리는 주일에 일하지 않습니다. 둘째로, 우리는 '이름 바꾸기' 의식을 감사 축제로 바꾸었습니다. 셋째로, 성도들은 교회에 필요한 자금을 모으기 위해 다함께 공동으로 일을 했습니다. 넷째로, 교회는 사회 활동의 중심 장소가 되었습니다. 마지막으로, 큰 행사들, 예를 들면 약혼, 결혼, 장례식 등은 목회자의 집도하에 교회 안에서 진행됩니다."

자신들의 전통의식을 새롭게 하다

전통의식과 문화를 기독교에 의해 영향을 받은 그들의 세계관에 맞추어 새롭게 재정하였다. 바리오에 있을 때 그들은 자기들 종족 언어를 사용하였고, 전통음식 대회를 하기도 하고, 전통 악기를 연주하기도 하고, 전통놀이를 하는 것을 보았다. 국회의원이었던 요셉Joseph은 BEM 선교회가 어떻게 정령숭배적인 의식을 해결했는지 설명하였다.

"BEM 선교회는 이방인의 의식처럼 다른 종교나 문화와 기독교를 혼합하지 못하도록 했습니다. 어떤 사람들은 BEM이 종족들에게 부담을 주고 그들의 전통적인 의식문화를 자멸시키도록 했다고 합니다. 그러나 그렇지 않습니다. 사람들은 아직까지 자기들의 노래와 춤, 그리고 전통예복과 같은 자기들의 문화를 행하고 있습니다. 그렇지만 정령숭배와 직접 연관된 주문이나 칼 장식 등은 용납되지 않았습니다."

그러므로 클라빗 종족은 자신들의 의식과 문화를 기독교로 변화된 자신들의 세계관에 맞추어 전통의식을 거부하거나 수정하여 자기들의 문화를 새롭게 만들어 유지하고 있는 것이다.

교육이 바뀌다

교육은 클라빗 종족이 기독교를 받아들임으로 받은 가장 큰

아름다운 여성 모습(과거와 현재)

복 중의 하나이다. 그리고 교육은 클라빗 종족이 사회에서 성공
하도록 기여한 가장 큰 요소 중의 하나이기도 하다. 현지 지도
자 스탠리Stanly는 교육을 통하여 클라빗 종족이 성공할 수 있었
던 몇 가지 이유를 설명하였다.

　"클라빗 종족이 교육을 통하여 성공할 수 있었던 세 가지 이
유가 있습니다. 첫째로, 그들의 부모와 사회의 노인들이 공부를
하도록 동기부여를 하였습니다. 둘째로, 그들의 부모가 그들을
위하여 기도를 하였습니다. 마지막으로, 그들의 부모와 사회가
그들이 공부할 수 있도록 격려와 후원을 아끼지 않았습니다."

　내가 만난 대다수의 사람들은 그들의 성공에 몇 가지 원인을 제시하였다. 첫째, 기도이며, 둘째, 성실한 자녀들, 그리고 셋째, 하나님의 은혜라고 하였다. 교육은 기독교와 거의 같은 시기에 소개되었지만 기독교 기반 위에 교육이 소개되었다. 그래서 기독교로 말미암아 자유로워진 그들의 열린 생각이 교육을 통하여 성공할 수 있었다. 클라빗 종족은 교육이라는 유용한 도구를 통하여 개인과 사회의 성공을 얻을 수 있었다.

그러므로 기독교가 클라빗 종족에 유입되면서 성령의 부흥역사가 일어남으로 클라빗 종족의 전반적인 사회 변화가 이루어지게 된 것이다.

여호와께서 아브람에게 이르시되 너는 너의 고향과 친척과 아버지의 집을 떠나 내가 네게 보여 줄 땅으로 가라 내가 너로 큰 민족을 이루고 네게 복을 주어 네 이름을 창대하게 하리니 너는 복이 될지라 너를 축복하는 자에게는 내가 복을 내리고 너를 저주하는 자에게는 내가 저주하리니 땅의 모든 족속이 너로 말미암아 복을 얻을 것이라 하신지라 창 12:1-3

예수께서 나아와 말씀하여 이르시되 하늘과 땅의 모든 권세를 내게 주셨으니 그러므로 너희는 가서 모든 민족을 제자로 삼아 아버지와 아들과 성령의 이름으로 세례를 베풀고 내가 너희에게

분부한 모든 것을 가르쳐 지키게 하라 볼지어다 내가 세상 끝날까지 너희와 항상 함께 있으리라 하시니라 ^{마 28:18~20}

하나님이 아브라함에게 말씀하신 것과 예수님이 제자들에게 말씀하신 것을 비교해 보면 유사한 점이 있다.

첫째, 약속의 땅으로 "가라_{go}"라는 것이다.

아브라함에게는 약속의 땅이 가나안이었다. 그렇지만 하나님은 아브라함을 통하여 열방에 복을 주시고자 하는 것이 계획이셨다. 그러므로 약속의 땅은 열방이라고 볼 수 있다. 예수님도 모든 민족을 제자로 삼기 위해 가라고 말씀하셨다. 우리에게 하나님이 약속하신 땅은 열방이다. 그 열방으로 우리는 가야 하는 것이다.

둘째, 하나님이 함께하시겠다는 것이다.

하나님이 아브라함과 함께하심으로 큰 민족을 이루고, 이름이 창대케 되며, 복이 된다고 말씀하신다. 누구든지 아브라함을 저주하면 하나님이 저주하시고, 누구든지 아브라함을 축복하면 하나님이 복을 주신다는 것이다. 이 얼마나 놀라운 임마누엘의 복인가!

예수님도 모든 민족을 제자 삼기 위해 갈 때 세상 끝날까지 함께하시겠다고 약속하셨다. 전지전능하신 하나님이 우리의 편이 되신다면 염려할 것이 없을 것이다. 우리도 "가라"고 하시는 주님의 말씀에 반응해야 한다. 순종해서 가면 하나님이 함께하셔서 사회 변화와 세상 변화를 이루게 하실 것이다.

한국은 부흥이 절실하다

성도의 부흥 ➡ 성령의 부으심 ➡ 부흥의 강 ➡ 대
중의 각성 ➡ 영혼 수확 ➡ 사회의 개혁 ➡ 성도의
부흥 ➡ (연속적으로 순환)

Reviving the Saints ➡ Out pouring of the Holy
Spirit ➡ Rivers of Revival ➡ Awakening the
Masses ➡ Harvest of Souls ➡ Reformation of
Society ➡ Reviving the Saints ➡

_ Neil T. Anderson & Elmer L. Towns

1973년, 바람처럼 바리오에 불어온 부흥은 학교와 교회와 사
회에까지 영적으로 변화시킴으로써 사회 발전을 이루었다. 뿐
만 아니라 그 부흥의 결실로 다른 지역으로 부흥이 확산되어 오
늘날 내가 개척하여 목회하는 Mines Healing교회까지 오게 되
었다.

바리오 부흥은 목회자도 아니고, 교회 지도자가 아니고, 선교
사도 아닌, 중학교 학생들을 통하여 시작되었다. 그 이유는 무
엇일까? 순수성 등 여러 이유가 있겠지만 부흥은 사람이 하는

것이 아니라 하나님이 일으키신다는 것을 보여주기 위함이 아닌가 생각해 본다.

그리고 부흥은 급하고 강한 바람처럼 올 때가 있지만 바람처럼 사라지기도 하는 특징이 있다. 바리오 지역은 세상에 노출이 많이 되지 않아서 그 부흥이 오랫동안 유지가 되고 있다. 그러나 일반적으로 새로운 시대가 오면서 부흥의 불길은 약해질 수밖에 없고, 세상의 문화와 세계관에 영향을 받아 하나님보다 세상을 추구할 수밖에 없을 것이다.

클라빗 종족은 지속적인 부흥을 사모하다

1994년 10월 1-4일 동안, 지난 1973년에 일어난 부흥을 기념하는 대대적인 부흥회를 가졌다. 사실상, 1973년 이후 매년마다 지역 교회에서 지난 부흥회를 기념하는 행사를 하고 있다. 그렇지만 이번 기회에 지역 사람들과 외부 사람들도 함께 모여 다시금 바리오 지역에 부흥이 일어날 것을 사모해서 모인 것이다.

그리고 부모를 떠나 세상에 흩어져 사는 젊은 세대가 주님에 대한 열정이 식어지고 있어서 클라빗 디아스포라 모임을 만들어 도시와 시골에서 클라빗 모임을 통하여 부흥의 불길을 지속하고자 노력하고 있다. 나는 쿠알라룸푸르와 셀랑고르Selangor 지역의 클라빗 모임에 한 번 초청을 받아 참석을 하였다. 수백 명이 모였는데 전통예복을 입고, 자신들의 전통문화 행사를 가지면서 시간을 가지는 것을 보았다.

클라빗 종족만 모이는 것이 아니라, 이미 클라빗 종족과 결혼하여 한 가족이 된 다른 종족, 다른 민족 출신의 남편과 아내, 그리고 자녀들까지 함께 참석해 영적 클라빗 공동체를 세워나가는 것을 보았다. 자신들 지역에 일어난 부흥을 세대를 이어 그 부흥을 지키려고 하는 몸부림으로 느꼈다.

한국 교회는 지속적인 부흥을 사모하다

1907년, 평양 대부흥은 우리 모두가 잘 알고 있는 부흥이다. 그리고 이 부흥은 평양을 기점으로 하여 대한민국 전체적으로 영향을 끼쳤을 뿐만 아니라 세계 선교까지 그 열매를 맺었다.

그렇지만 벌써 2017년 현재까지 110년이 지났다. 부흥의 열기가 식어지고 있고, 젊은 세대는 그 부흥을 기억하지도 못하며 단지 노출된 세상에 관심을 가질 수밖에 없는 상황이다. 그러다 보니 교회 주일학교는 줄고, 청년까지 교회를 빠져나가는 상황이다. 교회는 사회의 빛과 소금의 역할보다도 손가락질을 받고 있으며, 선교사 지원 연령도 40-50대 이상이 대다수의 시대가 되었다.

이런 상황에 우리의 대안은 무엇인가?

이 시대에 대한 교회의 대안은 부흥이다. 젊은이들 가운데 부흥이 필요하다. 주일학교 가운데 부흥이 필요하다. 교회마다 부흥이 필요하다. 대한민국에 부흥이 필요하다. 전 세계 모든 교회에 부흥이 필요하다.

> 밤에 여호와께서 솔로몬에게 나타나사 그에게 이르시되 내가 이미 네 기도를 듣고 이곳을 택하여 내게 제사하는 성전을 삼았으니 혹 내가 하늘을 닫고 비를 내리지 아니하거나 혹 메뚜기들에게 토산을 먹게 하거나 혹 전염병이 내 백성 가운데에 유행하게 할 때에 내 이름을 일컫는 내 백성이 그들의 악한 길에서 떠나 스스로 낮추고 기도하여 내 얼굴을 찾으면 내가 하늘에서 듣고 그들의 죄를 사하고 그들의 땅을 고칠지라 대하 7:12-14

다윗이 준비한 성전 건축 재료를 가지고 솔로몬은 세밀히 성전을 건축하여 마침내 완성하였다. 솔로몬이 성전에서 기도를 마칠 때 하늘에서 불이 내려 번제물과 제물을 사르고 여호와의 영광이 그 성전에 가득하였다. 이때 솔로몬이 드린 제물만 해도 소가 이만 이천 마리, 양이 십이만 마리나 되었다. 놋제단이 그 제물과 기름을 감당하지 못할 정도였다.

모든 행사를 마치고 밤에 여호와께서 솔로몬에게 나타나셨다. 여호와께서 솔로몬의 기도를 듣고 그 성전을 택하여 제사를 받는 장소로 삼으셨다고 선포하셨다. 우리가 기도하지만 하나님이 우리의 기도를 들으시는 것이 더 중요하다. 우리가 제사를 드리지만 하나님이 우리의 제사를 받으시는 것이 더 중요하다. 그렇다고 우리가 기도하지도 않고, 제사를 드리지도 않는다면 하나님께서 우리의 기도를 응답하시고, 우리의 제물을 받으시는 것을 기대할 수는 더더구나 없을 것이다.

하나님은 이스라엘의 죄악으로 인하여 재앙이 임하고 경제적인 어려움이 생기며, 육체적인 질병이 범람하도록 허용하실 때 해결 방안을 하나님은 솔로몬에게 말씀하고 계신다.

첫째, 하나님의 백성, 곧 그분의 이름을 부르는 믿음의 성도들이 반응을 해야 한다.

둘째, 하나님의 백성이 해야 할 것은 악한 길에서 떠나야 한다는 것입니다. 회개를 몸으로 행동으로 해야 한다. 스스로 낮추어야 한다. 진정한 겸손, 하나님의 임재 앞에 낮아짐, 낮아지되 바울처럼 죄인의 괴수의 자리까지 낮아지는 것이다.

셋째, 하나님의 백성이 겸비하여 하나님께 기도해야 한다. 엎드려 기도하는 것이다. 무릎을 꿇고 울부짖는 것이다. 서서 큰 소리로 부르짖는 것이다.

넷째, 하나님의 얼굴을 찾아야 한다. 하나님의 인정을 받기 위해 다윗은 온 힘으로 성전 재료를 모았다. 솔로몬은 온 지혜로 성전을 건축했다. 그리고 온 마음으로 제물을 드렸다. 우리의 가진 것 모든 것을 가지고 하나님의 얼굴을 찾아야 한다.

오늘날 우리는 부흥을 위하여 무엇을 하고 있는가?

하나님이 솔로몬에게 가르쳐 주신 부흥의 비밀을 따라 행동으로 회개하고 스스로 겸비하여 하나님께 기도함으로 그분의 얼굴을 찾아야 한다. 그러면 하나님이 들으시고, 하나님이 우리의 죄를 용서하시고, 하나님이 우리의 땅, 우리의 교회, 우리의 가정, 우리의 나라와 열방을 고치신다고 약속하고 계신다.

하나님이 우리의 기도를 듣고 안 듣고를 선택하신다. 하나님이 우리의 죄를 용서하고 안 하고를 정하신다. 하나님은 스스로 행하신다. 다만 우리는 우리의 할 바를 행해야 한다. 기도해야 한다.

"하나님이여! 부흥을 허락하소서!"

부흥을 위한 일곱 가지 기도 제목을 가지고 함께 기도해서 하나님의 부흥을 경험하기를 바란다.

1) 하나님의 백성이 죄를 깊이 깨달아 거룩한 두려움 가운데 서게 하옵소서!

2) 영적 배고픔을 주셔서 하나님께 뜨겁게 기도케 하옵소서!

3) 교회와 성도 간의 하나 됨을 회복하게 하옵소서!

4) 잃어버린 양에 대한 안타까운 마음을 주옵소서!

5) 거룩한 선교의 부담을 갖고 선교를 감당하게 하옵소서!

6) 성령이 급한 바람과 뜨거운 불같이 임하여 하나님의 영광
   을 선포하게 하옵소서!

7) 부흥의 역사가 일어나 성도와 교회를 통하여 지역과 국가,
   열방에 놀라운 구원의 역사가 일어나게 하옵소서!

예수님의 이름으로 기도합니다. 아멘.

필자를 많이 도와 준 솔로몬 목사이다. 바리오 부흥
을 직접 경험하고 '바리오 부흥'이라는 책을 출판하
여 필자가 많이 참조할 수 있었다.

침술 선교, 필자가 캄보디아에서 침술 사역을 하면서
예수님을 영접한 사람이다.

말라카에서 네덜란드가 식민지 통치할 때 세운 그리
스도 교회(지금도 예배 드리고 있음)

침술 선교 : 마인즈 힐링교회에서 김영만 박사님을
모시고 침술기초과정을 3기까지 하다.

바리오 지역에 들어가는 소형 비행기 안에서 보이는
바리오 전경이다.

바리오는 논농사로 유명한 데, 논에서 메기를 잡고
있는 모습이다.

렐루야 기도원

필자가 마인즈 힐링교회에서 태권도팀과 더불어 복음 드라마를 보여주고 있다.

자는 아내와 세 딸이 있다. 첫째와 둘째 딸은 말레이시아에서 대학을 마치고, 캄보디아에서 기독교 O 단체와 사역하고 있다.

바리오 지역에 있는 경찰서 건물이다.

리오 부흥이 일어난 중학교에서 수업이 진행되는 습이다.

바리오 지역에서 나오는 대나무 순을 요리하기 위해 다듬고 있다.

필자가 현지 목회자와 인터뷰하고 있는 중이다.

바리오 마을 교회에서 사용하는 나무로 만든 종이
성도들이 종소리를 듣고 교회에 모인다.

클라빗 전통 악기를 연주하는 모습이다.

클라빗 종족 출신으로 필자에게 제자훈련, 태권
단) 등을 훈련받은 제자이다.

바리오 산중턱에 자리잡고 있는 기도처이다. 주로 산
기도할 때에 사용하는 장소이다.

바리오 산 중턱에 위치한 기도처 내부 모습이다.